Happy Birthday

Matthew

Do Great Things

Okay!!

The
Lazaroos.

AYRTON SENNA

Mario Donnini

IMMAGINI DI UNA VITA
AYRTON SENNA
A LIFE IN PICTURES

GIORGIO NADA EDITORE

Giorgio Nada Editore Srl

Coordinamento editoriale/Editorial manager
Leonardo Acerbi

Redazione/Editorial
Giorgio Nada Editore

Progetto grafico e impaginazione /Graphic Design and layout
Sansai Zappini

Copertina/Cover
Sansai Zappini

Traduzione/Translation
Robert Newman

© 2014 Giorgio Nada Editore, Vimodrone (Milano)

Giorgio Nada Editore
Via Claudio Treves, 15/17
I – 20090 VIMODRONE MI
Tel. +39 02 27301126
Fax +39 02 27301454
E-mail: info@giorgionadaeditore.it
http://www.giorgionadaeditore.it

Distribuzione/Distribution:
Giunti Editore Spa
via Bolognese 165
I – 50139 FIRENZE
www.giunti.it

Allo stesso indirizzo può essere richiesto il catalogo di tutte le opere pubblicate dalla Casa Editrice. | *The catalogue of Giorgio Nada Editore publications is available on request at the above address.*

Fonti iconografiche/*Photographs*

La maggior parte delle immagini pubblicate in questo volume provengono dagli archivi della Giorgio Nada Editore e, in particolare, dai fondi fotografici di Erminio Ferranti e Danilo Recalcati, acquisiti a suo tempo dalla Casa editrice. Altri scatti sono stati forniti da: Sutton Images per quanto concerne le foto relative alla carriera di Ayrton nei kart e nelle Formule minori, dallo Studio Colombo, da Maurizio Rigato e da Ph Stefano Jesi Ferrari, autore degli still-life dei caschi di Ayrton, caschi appartenenti alla collezione di Andrea Salvati cui l'Editore rivolge un sentito ringraziamento.
Pari gratitudine va ad Enrico Mapelli per il materiale iconografico fornito e per la sempre preziosa collaborazione.

Most of the pictures published in this book come from the archives of Giorgio Nada Editore and, in particular, the photographic sources of Erminio Ferranti and Danilo Recalcati, which in turn have been acquired from the publisher. Other shots have been provided by: Sutton Images, photos of Ayrton's career in karts and the minor formulae; Studio Colombo, Maurizio Rigato and from the Ph Stefano Jesi Ferrari, creator of the still life of Ayrton's helmets belonging to Andrea Salvati's collection, to whom the publisher would like to extend its sincere thanks.
The publisher is equally grateful to Enrico Mapelli for the illustrative material he provided as well as his much-valued collaboration.

Ayrton Senna
ISBN: 978-88-7911-594-0

Sommario *Summary*

PREFAZIONE

Ho una mia teoria sul perché Ayrton Senna sia il campione più amato della Formula 1 moderna. C'è qualcosa d'infinito e struggente che lega gli appassionati al suo nome, un che di chimico e emotivo, pungente e allo stesso tempo caldo e irrisolto.

Perché Ayrton, solo a pensarlo, è l'unico che da subito fa venire un nodo in gola.

A vent'anni dalla scomparsa, per chi l'ha tifato in diretta, resta il simbolo bello e nostalgico d'una gioventù volata via, sua e anche nostra, d'accordo, ma soprattutto sembra la parabola inquieta d'una vita stupenda dalle ali spezzate, vincente e offesa, esaltante e sfortunata, quantificabile e calcolabile in partita doppia tra debiti ingiusti, immensi contratti col destino e risarcimenti entusiasmanti e indimenticabili.

Per il suo talento infinito, tante, troppe furono le sconfitte. E quasi tutte perfide.

Dotato di un DNA speciale, da pilota superiore, non riuscì mai a diventare Campione del mondo in kart. Ogni pilota ha il suo cruccio, il trofeo femmina sfuggito, il traguardo mancato. Per Ayrton, così come, guarda caso, per Michael Schumacher, fu il primo. L'iride per ragazzi.

Graffio doloroso, per lui, *vulnus* delicatissimo, suppurato in un periodo nero nel quale decise, per la prima e unica volta nella sua vita, di smetterla con le corse, salvo poi tornare e smettere di smettere. Per sempre.

Passato alle auto, le cose cambiarono. Senna vinceva sempre e comunque, ovunque e in qualsiasi categoria promozionale. Fino all'approdo in F.1. Lì sarebbe stata dura. Perché era ancora giovane e inesperto, velocissimo ma tenero e con una macchina, la Toleman-Hart, strana, capricciosa e dal motore friabile, all'interno di una squadra figlia d'un Dio minore.

Poi venne quel pomeriggio di pioggia a Montecarlo e la storia della F.1 cambiò. Sotto un autentico diluvio, il ragazzo brasiliano stava scrivendo una pagina mai letta di leggenda, rimontando furiosamente su Alain Prost al volante della McLaren-Tag-Porsche, "nostro signore" della F.1 incistato nella regina madre.

Attenzione, dietro la leggenda la realtà dice che in quel momento il più veloce in pista fosse Stefan Bellof con una Tyrrell più sottopeso di Kate Moss strafatta, però il dato sensibile e percepito dal mondo fu quello di una svolta nella storia delle corse: l'eroe nuovo era Ayrton Senna.

Gli ultimi convulsi giri, quella bandiera improvvida da parte del direttore di gara Jacky Ickx, il furbo salvataggio del fragile leader ormai kappaò in piedi a danno del rimontante *freshman*, lasciò a tutti un grido strozzato in gola di gioia rappresa. Semplicemente, stava andando in scena una delle più grosse ingiustizie del mondo della F.1, voluta o meno. In quel momento, in centinaia di migliaia, forse a milioni, capimmo che Ayrton Senna era in debito col destino e anche noi tutti gli dovevamo qualcosa.

Il conto fu pagato un anno più tardi, col brasiliano in fuga al volante di una Lotus nero e oro tra le colonne d'acqua nebulizzate dell'uragano di Estoril, al Gp del Portogallo, la sua prima vittoria in F.1.

Con la Casa inglese, nell'era del dopo Chapman targata Ducarouge, Ayrton accese ben presto un altro mutuo con la sorte. Velocissimo, quasi imbattibile sul giro secco e senza alcuna possibilità di vincere il Mondiale, perché il team e la monoposto potevano vivere momenti speciali, ma mai la consistenza pervicace e costante capace d'assicurargli la gioia del titolo.

Fu col passaggio alla McLaren, al fianco dell'uomo della sorte, il suo doppio motivante, il *doppelganger* galvanizzante Alain Prost che nel 1988 il brasiliano si bagnò a Suzuka, dopo una rimonta da antologia su pista insidiosamente umida, con lo champagne del primo titolo mondiale.

Non era finita, perché una nuova e più crudele ingiustizia lo stava attendendo al varco, l'anno dopo, con la toccatina venefica, sempre a Suzuka, ad opera dello stesso Prost col quale era ormai guerra aperta e totale.

La ripartenza, il taglio di percorso, la squalifica successiva e la perdita del titolo. Quindi le polemiche con Balestre, Presidente della Federazione Internazionale e amicone di Prost, lo spettro della sospensione disciplinare della licenza durato per mesi, una nuova unghiata nelle sue carni e quindi il ritorno alla carriera, alle corse e alla vita con una liberatoria vendetta con la quale a fine 1990 Ayrton, il risorto, fa strame, alla prima curva della solita Suzuka, del solito Prost, ormai transfuga in Ferrari.

Il 1991 sembra l'anno dell'ennesimo patimento, stravolta tutto brasiliano. Perché Senna di pena ne coltiva un'altra. Ha vinto dappertutto meno che in Brasile, così, negli ultimi giri del Gp di casa, l'ennesima, nuova e più pervicace maledizione l'affligge e mentre sembra riuscire a sfatarla, la sua McLaren accusa guai gravi al cambio, con la muta degli inseguitori che si fa più vicina, pronta a sbranarlo.

Poi l'urlo. Il ruggito di gioia disperata che da quel pomeriggio infuocato lacererà per sempre l'aria di chi avrà la poesia di risognarlo. Ayrton Senna vince il Gran Premio del Brasile 1991, in condizioni quasi impossibili. L'operazione non poteva riuscire, ma il paziente vive. E dopo momenti così, comunque vada, in noi vivrà per sempre.

Quindi il terzo Mondiale vinto, sempre nel 1991, perché la rivale Williams-Renault di Mansell non è ancora affidabile, ma nel 1992 arriva la sconfitta, perché la "Red Five" del Leone stavolta non si rompe più.

Non c'è tempo per pensarci. Nuovi schiaffi terribili attendono Ayrton Senna.

Nel 1993 è in lotta col mondo e si ritrova perfino la guerra civile in casa. Abile come il cardinale Richelieu, Alain Prost gli ha soffiato il posto nella miglior squadra che sfodera la vettura più competitiva, ancora la Williams, dotata del francesissimo e politicamente demoprostiano motore Renault.

PREFACE

I have a theory about why Ayrton Senna was the most loved of modern Formula 1 World Champions. There is something infinite and consuming that binds enthusiasts to his name, something chemical and emotional, pungent and at the same time intense and unresolved.

Because just by thinking of him, Ayrton is the only one who brings a lump to the throat.

Twenty years after his death, he remains the handsome and nostalgic symbol of youth that has ebbed away from him and the fans who saw him race, but in particular the relentless course of a stupendous life with broken wings. Winning and offended, stirring and unfortunate, quantifiable and calculable, a double entry among the unjust slights, immense contracts with destiny, enthusiastic and unforgettable compensation.

There were many defeats of his infinite talent, too many. And almost all of them perfidious.

He had a special DNA, one of a superior racing driver, but he was never able to become the world kart champion. Every driver has his torment, the elusive feminine trophy, a missed victory. It was for Ayrton as it was later for Michael Schumacher, as chance would have it. Senna was the first of the two to miss out on the kart title, then Michael. The world championship for kids.

A wound that pained his extremely delicate vulnus, festering away in a black period of his life, in which he decided for the first and only time to finish with racing, except that he returned and stopped stopping. Forever.

Things changed having moved on to cars. Senna always won, everything, everywhere, in all categories. Right through to his arrival in Formula 1. It was to be hard there, because he was still young and inexpert, even though fast. But the Toleman-Hart was strange car, capricious and with a brittle engine, in a team that was the child of a lesser God.

Then came that rainy afternoon in Monte Carlo and Formula 1 history changed Under an incredible cloudburst, the boy from Brazil was writing a new page in the annals of the sport, furiously climbing up through the field chasing race leader Alain Prost in a McLaren-TAG-Porsche, "our Lord" of F1 enwrapped in the queen mother.

Watch out, though, because behind the legend reality says the fastest on the track at that moment was Stefan Bellof in a Tyrrell, which was more underweight than a super-slim Kate Moss, but the sensible data perceived by the world was one of a turnaround in the history of racing: the new hero was Ayrton Senna.

The last convulsive laps, that surprise flag from race director Jacky Ickx, the shrewd rescue of the fragile leader, by this time KO on his feet because of the charging freshman, left a strangled scream stuck in our collective throat. Simply put, one of the biggest injustices the world of Formula 1 had ever seen was taking place, whether intentional or not. In that moment, hundreds of thousands, perhaps millions understood that Ayrton Senna had a debit with destiny and all of us owed him something.

The bill was paid a year later, with the Brazilian shooting away from the rest of the grid in a black and gold Lotus, amid plumes of spray from a hurricane over Estoril in the Grand Prix of Portugal, his first F1 victory.

In the post-Chapman era, the British team was now in the hands of Peter Warr and technician Gerard Ducarouge. Ayrton soon took up another mortgage with destiny. Extremely fast, almost unbeatable on a qualifying lap and without any possibility of winning the world championship, his team and car would generate flashes in the pan, but never consistency, obstinate and constant, that would bring him the joy of a title.

Then he moved to McLaren, joining a man of destiny, his double motivation, the galvanising doppelganger Alain Prost, who the Brazilian beat at Suzuka in 1988 after an astounding climb back to the top of the field on a track that was dangerously damp: champagne for his first world title. It wasn't finished by a long chalk, because a new and cruel injustice was lying in wait for him at Suzuka yet again the following year with that poisonous brush against Prost, with whom he was at open and total war by this time.

The restart, the short cut, the disqualification, title lost. Then, controversy with Jean-Marie Balestre, the president of FIA and a good friend of Prost's, the spectre of disciplinary suspension of his superlicence that lasted for months, a new mauling and then a return to his career in racing and life with an acquittal vendetta. One that he resurrected at the end of 1990, at the first corner of the inevitable Suzuka with the equally inevitable Prost, who had transferred to Ferrari by then. The 1991 season seemed yet another torment, this time all Brazilian, because Senna cultivated more pain. He had won everywhere except in Brazil, so during the last few laps of his home GP, the umpteenth new and most obstinate curse afflicted him and while it seemed he was to disprove that his McLaren was giving serious gearbox trouble, the pack that followed was getting ever closer, ready to tear him to pieces.

Then the scream. The bellowing of unleashed joy, which from that afternoon would forever rent the air of those who would have the poetry to dream again. Ayrton Senna won the 1991 Grand Prix of Brazil in almost impossible conditions. The operation shouldn't have been successful, but the patient lived. And after moments like that, he will live within us all forever – whatever happens.

So he won his third world championship in 1991 because his nearest rival, Nigel Mansell in a Williams-Renault, was not quite reliable, but in 1992 there would be defeat because the Lion's red Ferrari didn't break down any more.

There was no time to think. New slaps in the face were waiting for Ayrton Senna.

He fought the world in 1993 and he even rediscovered civil war at home. As able as Cardinal Richelieu, Alain Prost had pinched his place in the best

Ayrton ha fatto di tutto per non restare fregato, offrendosi perfino gratis a patron Frank, ma le ragioni dei poteri forti e i motivi d'opportunità politica prevalgono sulla meritocrazia: quella macchina imbattibile andrà al 38enne prepensionando francese, mentre Mister Magic è in lotta al calor bianco col suo capo Ron Dennis. Tra i due l'accordo è talmente instabile da venir rinnovato gara per gara, a cachet, un milione di dollari al colpo.

A Donington, sempre sul bagnato, con una partenza e un primo giro ispirati dal demone delle corse, Ayrton innfligge a Prost un'umiliazione più grande del Mondiale vinto implacabilmente dal francese a fine stagione.

Poi la doppia notizia. Per il 1994 Alain smette e finalmente Senna ottiene la sospirata Williams-Renault. Per anni il Mondiale parrebbe prenotato dal tonitruante nuovo binomio.

Il pomeriggio del 1° maggio 1994 cambia tutto, per sempre. Ayrton perde la vita nello schianto terrificante della curva del Tamburello. Il prezzo definitivo. Non sono previste rivincite.

L'ingiustizia suprema è accaduta. Punto. È la fine.

E invece no. Mentre la comunità delle corse, il Brasile e, diciamolo, il mondo intero, piangono il campione più amato, a San Lazzaro di Savena, provincia di Bologna, nella redazione di *Autosprint*, accade qualcosa di straordinario e segreto, che fino ad oggi pochi conoscono e un ristrettissimo numero di iniziati vive in diretta.

Per uno strano gioco del fato, quel pomeriggio, tra i primi a precipitarsi nel luogo dell'incidente, in motorino, c'è uno dei più grandi amici di "Magic", il fotografo Angelo Orsi, il quale d'istinto, scatta a mitraglia una serie innumerevole di foto del Campione ferito a morte.

In redazione è vietato parlarne, il tutto è segretato, eppure dai movimenti strani dei capi, dai sussurri e dalle riunioni riservatissime qualcosa trapela. *Autosprint* ha le immagini agghiaccianti che il mondo sta cercando. Quelle del più Grande della F.1 moderna colpito alla testa da un pezzo di sospensione che s'è comportato come una fiocina sparata da un immaginario sub assassino, condannandolo.

Roba da passare alla storia, da diventar ricchi solo cavalcando il sensazionalismo, l'onda emotiva del momento, la retorica del dolore spettacolarizzato e fine a se stesso. Invece no. Quelle immagini che il mondo, anzi, la parte peggiore del mondo, bramerebbe, vengono occultate, nascoste, proibite per sempre perché l'orrore nulla aggiunge alla verità, direbbe saggio Indro Montanelli.

In poche ore il direttore Carlo Cavicchi prende alcune decisioni che lo rendono, da gran giornalista, un timoniere straordinariamente immenso. Il suo settimanale eviterà di speculare nella spettacolarizzazione della morte in diretta, uscirà semplicemente con copertina nera e s'impegnerà a cercare e dimostrare, giorno per giorno, durante mesi di ficcante giornalismo d'inchiesta, che Ayrton non ha sbagliato, è morto senza commettere errori e che a cedere è stato il piantone dello sterzo della sua Williams, della quale è divenuto all'improvviso innocente passeggero. Una lezione profonda e coraggiosa, una ricerca della verità che gli anni valorizzeranno, coronandola d'un successo comunque amaro ma che ora è giusto riconoscere.

Niente e nessuno, neppure le risultanze processuali, riusciranno poi a essere più precise e puntali, del rigore professionale, delle capacità e del rigore deontologico dimostrato da Cavicchi e Orsi per primi, coloro che avevano in mano lo scoop della vita e che preferirono segretarlo in cassaforte sino alla fine dei secoli, perché Ayrton Senna era un uomo, un campione, un amico, che in quel momento meritava qualcosa d'altro e di più. Un supplemento di moralità e affetto, un risarcimento esistenziale definitivo alla ricerca dell'ultima verità, dell'ultimo disperato tentativo di difesa della sua memoria, che nei decenni sarebbe comunque stupendamente riuscito.

E adesso, vent'anni dopo, qualcosa di poetico e irrosolto galleggia ancora nell'aria, tra noi tutti e Ayrton. Come in una storia d'amore immensa bruscamente interrotta ma mai finita davvero, nella quale ciascuno sentiva di volere e potere dare di più, se solo ce ne fosse stato il tempo.

Per motivi semi-psicanalitici, sembra quasi che tutti provino, che tutti noi proviamo ancora, un senso di debito con Ayrton Senna. Per le emozioni, l'esaltazione, i momenti in cui ci ha fatto dire, come il Faust di Goethe, "*Fermati, attimo, sei bello*", per quella stima infinita che non abbiamo neanche avuto le occasioni giuste per dimostrargli. Per quei suoi occhi che ancora oggi, dalle immagini, divorano chi li guarda, regalando un senso di serena enigmaticità, dell'incompiutezza di una celeste corrispondenza che sentiamo insopprimibilmente di voler colmare e onorare.

È stato il campione più mediatico, poliglotta, financo sgradevolmente sincero e puntualmente vero delle corse vissute dal Villaggio Globale dei media. Era bello, buono non a tutti i costi, caldo, mistico, vulnerabile, vendicativo e corazzato, velocissimo, quasi imbattibile e voglioso di dare un senso alla vita pensando che fosse un dono troppo grande da gustare nella sola, banale e distratta inconsapevolezza dell'uomo di successo qualsiasi.

A venti anni dalla scomparsa, questo non è un semplice viaggio di retrospettiva, riscoperta o conoscenza retroattiva di un mito. No, in verità vuol essere molto più o molto meno, ma qualcosa di diverso assai.

Sono immagini di una vita. Semplici nuovi contatti con Ayrton Senna, per riprovare la sensazione unica d'avere un debito emotivo ed esistenziale con lui, in grado di suscitare di nuovo, come allora, un magnetismo che ci attira al suo vissuto, invitandoci a dedicargli ancora tempo, in un reincontrarsi amico, che non finirà mai.

Mario Donnini

team that wielded the most competitive car: Williams again, this time powered by the ultra-French and politically pro-Prost Renault engine.

Ayrton did everything he could not to get screwed, even offering himself without pay to Sir Frank, but high power and opportunist political motives prevailed over meritocracy: that unbeatable car would go to the 38 year old Frenchman, while Mister Magic was in a white heat battle with his boss Ron Dennis. The agreement between the two was so unstable that it had to be renewed like that of a freelance race-by-race at a million dollars a GP.

In the wet at Donington again, with a start and a first lap inspired by demons, Ayrton inflicted on Prost a humiliation even bigger than the world championship won implacably by the Frenchman at the end of the season.

Then, the double news. Alain would stop racing in 1994 and finally Senna would get his coveted Williams-Renault. For years, the Formula 1 World Championship had seemed like it had been hogged by this raging pair.

On the afternoon of 1 May 1994 everything changed forever. Ayrton lost his life in a sickening crash at Imola's Tamburello corner. He had paid the definitive price. No return matches were expected. The supreme injustice had taken place. Full stop. It was the end.

But no. While the racing community, Brazil and, yes, the whole world grieved for the loss of a beloved champion, in the editorial department of Autosprint magazine at San Lazzaro di Savena in Italy something extraordinary and secret happened. Something that few people have known about until today, an experience a very small inner circle lived live.

Due to a strange quirk of fate, that afternoon among the first to speed to the scene of the accident on a moped was one of Magic's greatest friends, photographer Angelo Orsi. Instinct made him shoot a vast number of photographs of the champion, who was fatally injured.

It was forbidden to talk about it in the editorial offices, a total secret, yet from the strange movements of the bosses, with whispers and confidential meetings behind closed doors, something leaked out. Autosprint had the horrifying images for which the world was searching. Those of the greatest driver of modern Formula 1 having been hit on the head by a suspension component that acted like a harpoon fired from an imaginary but murderous ship, condemning him to death.

Pictures to pass on into history, by which to become rich just feeding the sensationalism of it all, the emotive wave of the moment, the rhetorical pain spectacularised, an end in itself: but no. Those pictures that the world, or rather the world's worst, longed to see were concealed, hidden, prohibited from being seen forever, because the horror of them added nothing to the truth, as the wise Italian journalist Indro Montanelli would say.

In just a few hours Autosprint's editor, Carlo Cavicchi, took a number of decisions that simply turned him from being a great journalist into an immensely bright guiding light. His weekly magazine avoided speculating on the spectacularisation of death as it happened. Afterwards, out came a

magazine with a black cover and Cavicchi committed himself to demonstrating, day-after-day during months of penetrating journalistic inquests that followed, that Ayrton had made no mistake; that he died without committing an error and that the steering column of his Williams broke, the car in which he was just the innocent passenger. A profound and courageous lesson, a search for the truth that the years appreciate, defining it as a bitter success but one it is now right to recognise.

Nothing and nobody, not even the resultant court hearing, was able to be more precise and accurate, of such professional rigour, of the ability and deontological rigour shown first of all by Cavicchi and Orsi, those who had a scoop of a lifetime in their hands. They preferred to keep it secret in the safe until the end of the century, because Ayrton Senna was a man, a champion, a friend who merited something more at that moment. Additional morality and affection, definitive, existential compensation in the search for the ultimate truth, of the last desperate attempt to defend his memory, which has been stupefyingly successful over the decades.

And now, 20 years later, something poetic and unresolved is floating about in the air between all of us and Ayrton, like an immense love story brusquely interrupted but never really ended. One in which each person felt he or she wanted to and could have given something more, if only there had been time.

For semi-psycho-analytic reasons, it almost seems that everyone is experiencing, that all of us still experience, a sense of debt with Ayrton Senna. For the emotions, the excitement, the moments in which he made us say like Faust of Goethe, "Stop, a moment, you're handsome" for that infinite esteem that we never even had the right opportunity to show him. For those eyes of his, which even today devour those who see them in photographs, giving a sense of serene enigmatic character of the unachieved, of a celestial correspondence that we feel and can hardly stand to fulfill and honour.

He was the most media-aware, multi-lingual, even sincere in a disagreeable way and a precise, true champion of the races published by the media Global Village. He was handsome, not nice with everyone, warm, mystic, vulnerable, vindictive and armour plated, extremely fast, almost unbeatable and desirous of giving a sense of life, thinking that it was a gift too big to enjoy in the sole banal and distracted unawareness of any successful man

Twenty years after his death, this is not just a simple retrospective journey, rediscovered or retroactive knowledge of a legend. No, it really wants to be much, much more or much less. Certainly something very different.

These are images of a life. Simply new contacts with Ayrton Senna, to feel again the unique sensation of having an emotive and existential debt with him, able to arouse once again, as in the past, a magnetism that attracts us to his life, inviting us to dedicate yet more time to him in a friendly get together, which will never end.

Mario Donnini

SENNA: CHI ERA?

Nelle corse e nella vita le belle storie non finiscono mai. Certo, il cantante Jim Morrison a una frase così avrebbe risposto con parole migliori. Le sue: a volte basta un attimo per cancellare una vita, altre volte non basta una vita per cancellare un attimo. Senna se n'è andato al Tamburello, al 6° giro del Gp di San Marino a Imola, il 1° maggio 1994, ore 14 e 17, ma a tutti noi non sono stati sufficienti quattro lustri né quant'altro per dimenticarlo.

Perché scoveremo sempre nell'anima l'inseguimento a Prost di Monaco 1984, l'urlo di Ayrton disperatamente liberato a Interlagos 1991, la fuga per la vittoria di Donington 1993.

Solo alcune tra mille schegge balenanti dell'epopea d'un campione che è anche l'antologia preziosa della nostra storia d'amore con le corse. Da qui l'idea, la voglia di dire per una volta ancora, venti anni dopo, che non è finita tra noi e lui e che emozionalmente non finirà mai.

Insieme ad alcuni amici, suoi e nostri, gente che lo ha capito, respirato come pochi altri e che ora vuole e può farcelo magicamente percepire accanto.

Perché quando si ama davvero, nulla finisce mai. **Stefano Modena** ha 51 anni, 25 dei quali passati nelle corse. Ha vissuto Ayrton dall'alfa all'omega, dal kart alla F.1. «La prima volta nel '77, in un Mondiale karting all'Estoril, poi a Jesolo, io 1°, lui 2°. Sì, abbiamo litigato. In una gara lo spintono per innervosirlo, ma lui vince. Alla bilancia mi fa: "sei un bastardo, uno stronzo". E io da ignorante: "Sbagli". Sai cosa? Lo rifarei. Perché c'era invidia che fosse così veloce. Poi 'sta cosa è sparita. Batterlo mi ha guarito. È la vita a essere così».

Vita crudele, per Senna in kart. Mai iridato, re senza corona, come Stirling Moss in F.1. Perché? «Circostanze inspiegabili – fa Modena –. Nel '79, in Portogallo, poteva vincere, ma non andò così, l'anno dopo a Nivelles fu 2°. Gli seccava, sì. Per lui il 2° era il più beffato dei perdenti».

Senna kartista, con la tuta monopezzo in pelle. «Era poco approcciabile e, se lo era, lo era solo nel suo entourage. Tipo molto riservato. E sai perché? Quando corri per vincere, coi rivali meno ci parli e meglio è. Primo, perché potresti essere mal interpretato, secondo, perché potresti farti sfuggire suggerimenti che ti rendono vulnerabile. Infatti diventammo amici solo quando lui passò alle auto e io entrai alla DAP, la sua squadra in kart. Tornava spesso per fare test. Mi fratturai una gamba, venni in pista con le stampelle, lui mi vide e mi restò vicino. Persi l'equilibrio, stavo per cadere e Ayrton con uno slancio inaspettato mi aiutò. Lì siamo diventati amici davvero. Poi facevamo anche footing insieme, era un maniaco di fitness, mi massacrava».

Intanto il brasiliano sfonda con le auto. Prima in Formula Ford, poi in F.3 britannica, dove il rivale nel 1983 è **Martin Brundle**. Sentiamolo: «La verità è che il 1983 lanciò la mia carriera più che la sua. Perché lui grande era già. Uno straordinario talento naturale. C'è una storia che lo fotografa in modo quasi inquietante. Siamo a Silverstone F.3, gara bagnata. Prima fila, io e lui. Parto bene, sono primo. Arriviamo alla Stowe. Vado in traiettoria-scudo, mi difendo, resto all'interno, mentre lui va tutto dove non sarebbe logico buttarsi, perché c'è sporco. Resto piantato, perché all'interno la pista è in realtà più scivolosa, così lui mi passa all'esterno e se ne va. Ma piove sempre più e danno bandiera rossa. Okay, capita la lezione, non mi freghi più, Ayrton. Si riparte, risono in testa e arriviamo alla Stowe. Stavolta decido di stare all'esterno, ma mi pianto in una mega-pozzanghera e quasi esco. Lui ha già scelto l'interno, mi sfila di nuovo e se ne va. Niente da fare: vince. Sul podio non ho pace e gli chiedo perché mai alla Stowe mi ha di nuovo fregato: "Ayrton, come potevi sapere che la seconda volta era meglio andare dov'era peggio la prima?!". "Istinto – mi rispose –. Il grip ideale si era invertito. Istinto" – ripeté sorridendo. Capii che non l'avrei mai più battuto, uno così».

Gara di F.3 di contorno al Gp inglese 1983. Puntuale battaglia con Brundle, solita vittoria. Dopo la premiazione Senna picchetta la spalla di un omone riccio e biondo che di solito gira i paddock con una specie di mitragliatrice stile Django, pronto a giurare che sia l'obiettivo di una macchina fotografica. Il suo nome è **Angelo Orsi**. A presentarli è Andrea Ficarelli. Ayrton è gentile ma spiccio: «Ci sono decine di giornali, radio e reti TV brasiliane che vorrebbero seguirmi sulle piste, ma non hanno mezzi per farlo. Io l'anno prossimo sarò in F.1 e se tu mi garantisci un'adeguata copertura fotografica in modo che possa rifornire tutti, per me sarebbe l'ideale».

Un sorriso, una stretta di mano e inizia un'amicizia profonda. Un rapporto del quale Angelo fino a oggi non ha mai voluto parlare, quasi lo custodisse in uno scrigno segreto.

Ma un vero cuore da corsa prima o poi si apre. «L'anno dopo Ayrton in F.1 ci arrivò con la Toleman. Ogni giovedì pre-Gp facevo un giro di pista a piedi, a rovescio, per carpire le posizioni più belle e furbe per scattare foto e Senna prese l'abitudine di venire con me. Studiava ogni centimetro, lo sezionava. A Montecarlo facemmo quattro giri a piedi, forse più. Alla fine, al Loews, divenne serio e disse: "Angelo, io domani faccio il miglior tempo". Libere iniziate da mezzora. L'altoparlante gracchia, lo speaker si schiarisce la voce, quasi per dire qualcosa d'inatteso, ma io so già cosa: "Miglior tempo, Senna su Toleman!". Palpava l'asfalto, sentiva la consistenza di ogni via di fuga. In Australia, nel 1985 con la Lotus, tamponò Rosberg, ma riuscì a uscire dalla sabbia dell'ultima curva. "Visto? – mi disse a fine gara – avevo notato mentre passeggiavamo che la sabbia era così consistente da non impantanarmi, così ho sfruttato la cosa". Aveva qualcosa più degli altri. E non solo in pista.

Stefano Modena è stato compagno di squadra di Senna fin dai tempi del kart, per poi ritrovarlo in F.1 a partire dalla fine del 1987, intrattenendo con lui un rapporto franco, aperto e profondo.

Stefano Modena was a teammate of Senna's from their early days in karts, after which they met up again in 1987 in Formula 1. The two had a frank, open and profound relationship.

SENNA: WHO WAS HE?

Martin Brundle nel 1983 è stato il grande rivale di Ayrton Senna nella lotta per il titolo britannico di F.3, poi vinto dal brasiliano. L'anno dopo, insieme a "Beco", ha debuttato in F.1, continuando a essere suo collega nel circus, fino alla scomparsa del grande campione.

Martin Brundle was Ayrton Senna's great rival in the 1983 battle for the British Formula 3 Championship, which was won by the Brazilian. The following year, together with "Beco", he made his debut in F1 and continued as Senna's colleague in the Circus until the great champion's death.

In racing and in life, the interesting stories never end. Certainly, singer Jim Morrison would have replied to something like that with better words. His way: sometimes, just a moment can cancel a life, other times a life's not enough to cancel a moment.

Senna died at Tamburello on the sixth lap of the Grand Prix of San Marino at Imola at 2.17 pm on 1 May 1994, but neither two decades nor anything else were enough to make any of us forget him. Because we'll always dig deep into our souls and find him chasing Prost at Monaco in 1984; Ayrton's desperately liberating shout at Interlagos in 1991, the sprint to victory at Donington in 1993.

Just some among thousands of scintillating fragments of a champion's life, a man who was also the precious anthology of our love story with racing. From that came the idea, the desire to say once again, 20 years on, that it's not finished between us and him and that, in emotional terms, it will never end.

Together with a few friends, his and ours, people who understood him, lived him like few others, and who now want to and can magically perceive him.

Because when you really love, nothing ever ends. **Stefano Modena** is 51 years old and spent 25 of them in racing. He experienced Ayrton from the start in karts, right through to Formula 1. "The first time I met him was in 1977 in a kart world championship race at Estoril, after that at Jesolo with me first and him second. Yes, we argued. In one race I shoved him to make him feel nervous, but he still won. At the weigh-in, he said, 'You're a bastard, a shit'. And me, ignorant, said, 'You're wrong'. You know, I'd do it again'. Because there was envy of someone who was so fast. Then, that feeling disappeared. Beating him cured me. Life's like that". Senna's life in karts was cruel. He never won, a king without a crown, like Stirling Moss in Formula 1. Why? "Inexplicable circumstances", said Modena. "In '79 in Portugal he could have won, but it didn't happen. The year after that at Nivelles he came second. It annoyed him, sure. To him, second place was the most insulting of the losers".

Senna, kart racer, in a single-piece leather suit. "He wasn't very approachable and, if he was, it was only among his entourage. He was very reserved. And d'you know why? When you race to win, the less you talk to your rivals the better. First, because you could be misinterpreted, second because you could let slip suggestions that make you vulnerable. In fact, we didn't become friends until he'd moved on to cars and I joined DAP, his kart team. He often came back to do testing. I fractured a leg and went to the track on crutches. He saw me and stayed nearby. I overbalanced and was about to fall, when Ayrton helped me with a quick and unexpected movement of support. We became really good friends. And we later went jogging together; he was a fitness nut and he massacred me".

Meanwhile, the Brazilian made it in cars. First in Formula Ford, then British F3, in which his 1983 rival was **Martin Brundle**. The Briton said, "The truth is that I launched my career in 1983 rather than his, because he was already a big name. He had an extraordinarily natural talent. There's a story that describes him almost disquietingly. We were at Silverstone for F3, the race was wet. He and I were on the front row. I started well and was first. We got to Stowe and I went into the team trajectory, I defended myself, I stayed on the inside, but he went exactly where it wouldn't be logical to go because it was dirty there. We kept our positions, but the inside of the track was actually slipperier, so he passed me on the outside and he was away. Then it rained even harder and out came the red flag. OK, I understood the lesson; but you won't get away with it again, Ayrton. We restarted, I took the lead again and we got to Stowe. This time, I decided to stay on the outside, but I ran into a megapuddle and I nearly went off. Ayrton had already chosen the inside; he passed me again and charged on. There was nothing I could do about it: he won. On the podium I was annoyed and I asked him how he did it again at Stowe. 'Ayrton, how did you know it would be better to take the inside line where it was worse previously?' 'Instinct', he replied, 'the ideal grip had switched over. Instinct', he repeated, smiling. I understood there and then that I could never beat him, someone like that".

Formula 3 support race for the 1983 British Grand Prix. The expected battle with Brundle, the usual victory for Senna. After the presentation of trophies, Ayrton slapped the back of a curly-haired blonde guy who usually roamed the paddock with a camera and a huge lens, rather like one of Al Capone's gunmen. His name was **Angelo Orsi**. They were introduced by Andrea Ficarelli. Ayrton was courteous but offhand when he said, "There are dozens of Brazilian newspapers, radio and TV channels that want to follow my career on the track, but they don't have the money to do it. Next year, I'll be in Formula 1 and if you guarantee me suitable photographic coverage and supply them all, that would be ideal for me". A smile, a handshake, the beginning of a profound friendship. A relationship Angelo has never wanted to talk about until now, almost keeping it like a secret treasure trove.

But a true racing heart opens up sooner or later. Orsi said, "The following year, Ayrton moved into Formula 1 with Toleman. On the Thursday before every race, I did a lap of the track on foot in the opposite direction to find the best, carefully selected positions from which to take my shots and Senna made it a habit to come with me. He studied every centimetre and sectionised it. We did four laps on foot at Monte Carlo, perhaps even more. In the end, at Loews, he became serious and said, 'Angelo, tomorrow I'll do the fastest time'. Practice had been going for about 30 minutes when the loudspeaker crackled, the commentator cleared his throat almost as if to say something unexpected had happened, but I already knew what it was" 'Fastest time, Senna in the Toleman'. He fingered the asphalt, felt the consistency of every arrester pit. In Australia in 1985 with the Lotus he ran into the back of Rosberg, but he was still able to get out of a sand trap on the last corner. 'See', he said at the end of the race, 'as we jogged around the circuit I noticed the

Fu il primo ad assumere una "pierre", Betise, futura moglie di Patrick Head, che gli organizzava i rapporti con la stampa. Ayrton non voleva filtri, ma solo pianificazioni. A fine gara faceva conferenze stampa in inglese, italiano e portoghese e a tutti dava repliche meditate e vere. E se una domanda era complessa, rispondeva: "Un momento, questa alla fine". Arrivava al termine del discorso, tutti se ne stavano per andare, ma lui li fermava, dava la risposta mancante e di solito era la battuta del giorno».

Personaggio, talento mediatico, telescopico poliglotta, okay. Ma chi era Ayrton nel privato? Angelo deglutisce prima di rispondere: «Un uomo che per le corse aveva sacrificato la famiglia e che tendeva a ricostruire nuclei che gli potessero dare lo stesso calore, delle triadi affettuose. Il telecronista brasiliano Galvao Bueno era il Pappagallo, io il Tucano – per il naso –, lui Dumbo, per le orecchie. Oppure c'erano i Tre Porcellini, ossia lui, già in F.1, io e Mauricio Gugelmin con cui divideva un loft in Inghilterra. Via dai circuiti Ayrton non era una star inavvicinabile, ma uno studente fuori sede che cercava il calore di una famiglia. Mi veniva a trovare a Bologna e stavamo sere intere davanti alla TV con le vhs di vecchie corse, o si usciva con Carlo Cavicchi a vedere il basket al PalAzzarita. Una sera, febbraio '89, si giocava Virtus-Caserta e nell'intervallo volle conoscere Oscar Schmidt, suo connazionale. Altre volte lo andavo a prendere all'Hotel Castello di Imola per andare a osterie e poi a passeggiare in Piazza Maggiore».

Fine 1987. Ayrton, 27enne, lascia la Lotus per la McLaren. Ha l'iride nel destino. L'anno dopo. In Australia, quello stesso destino, lo fa reincontrare con Modena, 24enne deb su Brabham. Insieme, come ai vecchi tempi del kart. «In albergo mi cercò lui. Era rimasto l'Ayrton di Parma e Jesolo, il ragazzo di sempre. "È dura, eh, Stefano?" – mi disse, poi m'abbracciò. Un pilota lo pesi in pista, ma giudichi da cose come queste quanto vale l'uomo. «Valeva tanto – gli fa eco Angelo Orsi – perché sapeva valutare le cose che contano e gli stessi avversari con onestà intellettuale».

«Parliamo della rivalità con Prost» – ammicca Modena – «Gli rosicava eccome, ma la sua analisi era chirurgica: Prost pilota lo stimava. Era il Prost uomo, quello che muoveva i capi del team come pedine una volta uscito di macchina, che non sopportava. Il Prost con amicizie potentissime, tipo quella con l'allora Presidente della FIA, Balestre».

Spietato, ma mai sbracato, chiarisce Orsi: «Quando nel '92 Piquet si maciullò le gambe a Indy, Ayrton, che provava a Imola, chiamò Ascanelli per farsi accompagnare in chiesa, a pregare per Nelson. E guarda che lui contro Senna aveva detto per anni di tutto e di più».

È vero che Senna non chiamava mai Prost per nome, quando in privato parlava di lui?

Angelo sorride sotto i baffi, si vede che è una vita che ha voglia di dirlo: «Lo definiva "il Francese". E lo diceva con un tono che sembrava il fruscìo di un rasoio nell'aria».

Alla McLaren forse il solo neutrale alla rivalità Senna-Prost fu il messicano **Jo Ramirez**, team coordinator e monumento della F.1 che fu. Un cuore da corsa più che mai, Jo: «Senna era un vincente. Sarebbe stato architetto di grido, chirurgo di fama, stella del cinema, ma mai un perdente. E mai in Brasile. Un anno in gara a Interlagos tornò ai box, con una disastrosa accelerata. Scese e se ne andò. Ritirato. Una selva di microfoni spuntò sotto di me: "Cos'ha fatto Ayrton?". "Non lo so, la macchina andava bene"– risposi. Intanto Senna era già via dal circuito e alla radio sentiva in diretta le mie parole. Mi telefonò poco dopo, infero-cito: "Jo, come ti sei permesso di dire quelle cose?!". "Okay – gli replicai –, non m'hai detto nulla, quindi non ti puoi lamentare". Ci pensò su, poi rise. Finì lì. Il suo motore non prendeva i giri e Ayrton non voleva arrivare al traguardo sconfitto, a casa sua. Questo era Senna. Di corse ne ho viste tante, ma lui fu il primo a spingere così sull'identità nazionale, facendo i giri d'onore con la bandiera brasiliana».

Il suo errore più clamoroso fu l'uscita alla curva del Portier, a Montecarlo '88 – tracciato su cui di 10 corse ne ha fatte sue 6 –, buttando via una gara già vinta: «Un calo di concentrazione – chiosa Orsi –. Ci vedemmo la sera, era inviperito. Disse, semplicemente: "Okay, non succederà mai più". Così fu».

Angelo ha vissuto dietro le quinte Suzuka 1989 e 1990, i duelli da Ok Corral tra Senna e Prost: «Nel 1989 era furibondo della toccata alla chicane. Gliela giurò. L'anno dopo lo buttò fuori alla prima curva. Ayrton era in pole, ma il poleman partiva dalla parte sporca. Così fece il diavolo a quattro per farsi spostare, ma non gli dettero ascolto. Okay, partono e io sono lì alla prima curva che li aspetto: Prost lo frega, logico. Bene. Bang! Ayrton lo caccia fuori ed è iridato per la seconda volta. La sera ci vediamo e mi fa: "Il Francese sapeva che se partiva meglio di me alla prima curva io gli andavo dentro. Ha sbagliato lui, lui solo, perché mi ha messo in condizione di ren-dergli quello che era sacrosanto gli restituissi"».

«Momento – fa Modena – la peggior umiliazione Senna l'ha inflitta a Prost a Donington 1993, quando tutti e due erano tricampeao. Sverniciandolo nel diluvio, con una McLaren inferiore alla Williams. E occhio, nell'immaginario collettivo, quel trionfo conta più del quarto titolo vinto da Prost».

Continua il tema Ramirez: «Adelaide 1993, l'addio di Senna alla McLaren. In griglia lo saluto, è la fine di una grande parentesi di vita. E da puro neo-latino gli dico: "Siamo a pari successi con la Ferrari, Ayrton: se vinci questa, ti amerò per sempre". Gli vennero gli occhi lucidi, a un minuto dal via.

Angelo Orsi, al quale Senna qui stringe la mano a Spa alla fine del vittorioso Gp del Belgio 1991, è stato un grande amico del campione Paulista. Si sono conosciuti nel 1983, quando ancora Ayrton non correva in F.1 e, da allora, sono rimasti legati, in un rapporto fatto di collaborazione e reciproco affetto.

Angelo Orsi, whose hand Senna shook at Spa at the end of his victorious 1991 Grand Prix of Belgium, was one of the man from San Paulo's greatest friends. They first met in 1983, when Ayrton competed in F1, and from that moment they remained close, enjoying a relationship of collaboration and reciprocal friendship.

Il messicano Jo Ramirez, veterano della F.1, nella quale è entrato negli Anni Sessanta in veste di meccanico, è stato Team Coordinator nella McLaren dell'era d'oro, oltre a rappresentare l'uomo cuscinetto col preciso compito di smorzare e razionalizzare la rivalità interna alla squadra tra Senna e Prost negli anni della difficile convivenza, vale a dire nel 1988 e nel 1989.

Jo Ramirez of Mexico is an F1 veteran, which he joined in the '60s as a mechanic. He was the team coordinator of McLaren in the golden years, as well as being the "shock absorber man" with the precise responsibility of calming and rationalising the rivalry between Senna and Prost within the team during their difficult years of coexistence in 1988 and 1989.

sand was so firm that I wouldn't sink in, so I exploited the situation'. He had something more than the others, and not just on the track. He was the first to employ a PR-person, Betise, Patrick Head's future wife, who organised relations with the press. Ayrton didn't want filters, just planning. At the end of each race he held a press conference in English, Italian and Portuguese and gave thoughtful and true answers. And if a question was complex, he replied, 'Let's leave this one until the end'. We got to the end and everyone was about to leave, but he stopped them to answer the complicated question and it was usually the comment of the day".

Personality, media talent, telescopic linguist, OK. But who really was Ayrton in private. Angelo swallowed before replying: "A man who sacrificed his family for racing and tended to rebuild nuclei that could give him the same warmth, affectionate triads. The Brazilian television reporter Galvao Bueno was Parrot, I was Tucan — because of my nose — and he was Dumbo, due to his ears. Or there were the Three Little Piggies, in other words, him, already in F1, me and Mauricio Gugelmin, with whom he shared a flat in Britain. Away from the circuits, Ayrton wasn't an unapproachable star, but a student away from home looking for the warmth of a family. He came to see me in Bologna and we spent whole evenings in front of the TV with VHS cassettes of old races, or we went out with Carlo Cavicchi to watch basketball at the PalAzzarista. One night in February '89, Virtus-Caserta were playing and in the interval he wanted to meet Oscar Schmidt, another Brazilian. Other times, I picked him up from the Hotel Castello at Imola to go to a modest restaurant and then for a walk in Piazza Maggiore".

At the end of 1987, 27 year old Ayrton Senna left Lotus for McLaren. His destiny was the world title the following year. In Australia, that same destiny meant he would meet Stefano Modena again, at the time a 24 year old F1 newcomer with Brabham. Like old times in kart, "he came and found me in the hotel. He was still the Ayrton of Parma and Jesolo, the same lad as always. 'It's tough, eh Stefano?' he asked and then embraced me. You weigh up a racing driver on the track, but it is with things like that that you judge him as a man".

"He was a person of value", echoed Orsi, "because he knew how to evaluate the things that mattered, and did the same with his adversaries with an intellectual honesty".

"Let's talk about the rivalry with Prost", said Modena, winking. "He nibbled away at him and how, but his analysis was surgical: he respected Prost the driver. It was Prost the man, the one who moved the team bosses like pawns once out of the car, which he couldn't stand. The Prost with extremely powerful friends, like the president of FIA at the time, Balestre".

Ruthless, but always with restraint, Orsi clarified. "When Piquet mangled his legs at Indy in '92 Ayrton, who was testing at Imola, called Giorgio Ascanelli so that he could be accompanied to church and he prayed for Nelson. And Piquet had said a whole lot of things against Senna for years".

Is it true that Senna never called Prost by his first name when he talked about Alain in private?

Angelo smiled under his moustache, and it was obvious that he had wanted to say this for a lifetime. He remarked, "He called him the Frenchman. And he said it in a tone that was like a razor swishing through the air".

At McLaren, perhaps the only person neutral to the Senna-Prost rivalry was Mexican **Jo Ramirez**, the team coordinator and an F1 monument. With racing closer to his heart than most, Jo said, "Senna was a winner. He might have been a famous architect, a brilliant surgeon, a film star, but never a loser. And never in Brazil. One year when racing at Interlagos he came back into the pits under dramatic acceleration. He got out of the car and left. Retired. A barrage of microphones was suddenly thrust at me and the reporters asked, 'What did Ayrton do?' 'I don't know. The car was going fine,' I replied. Meanwhile, Senna had already left the circuit and he heard my words live on the radio. He telephoned me soon afterwards, and he was furious. 'Jo, why did you say those things?' 'OK,' I replied. 'You never said anything to me, so you can't complain.' He thought about that and then laughed. That was it. It ended there. His engine was not picking up and Ayrton didn't want to cross the finish line defeated in his own country. That was Senna. I've seen a hell of a lot of races, but he was the first to push so hard about his national identity, doing a lap of honour with the Brazilian flag".

His most disastrous mistake was coming out of the Portier corner at Monte Carlo in '88 — a circuit where he won six times out of 10 — throwing away a race he had already won. "A drop in concentration", said Orsi. "We met up that evening and he was beside himself with rage. He simply said, 'OK, it won't happen again'. And it didn't".

Angelo was behind the scenes at Suzuka in 1989 and 1990 and those duels at the OK Corral between Senna and Prost. "In 1989, he was furious about the coming together at the chicane. He swore it. The following year he would shove Prost out at the first corner. Ayrton was on pole, but the pole sitter started from the dirty side of the track. So he tried everything he knew to have himself moved, but they didn't listen to him. So the race started, and I was there at the first corner, where I was waiting. Prost got him logical. OK. Bang! Ayrton knocked him out and Senna was the world champion for the second time. We saw each other that evening and he said, 'The Frenchman knew that if he made a better start than me I'd go in at the first corner. He made a mistake, only him, because he put me in a situation to repay him that which it was sacrosanct to give back'."

"Just a minute", said Modena, "the worst humiliation Senna inflicted on Prost was at Donington in 1993, when both were triple champions. Beating him in the cloudburst in a McLaren that was inferior to Prost's Williams. Mark my words, that triumph counted more in the public's collective mind than Prost's fourth world title".

Pensai: "Jo, che hai fatto?! Mai rendere emotivo un pilota prima della partenza. Che cavolata...". Ma Ayrton vinse. Imprendibile, spietato. La sera andammo al concertone di Tina Turner. Lei lo chiamò sul palco e col pubblico in visibilio gli dedicò il pezzo "Simply the Best". Perché lui questo era. E i record di Ayrton che Schumi ha poi battuto sono cifre bugiarde, perché i numeri mentono, a volte. Con Ayrton vivo, non sarebbe successo».

Brundle rincara la dose: «Prost non mi è mai piaciuto, ho corso con Senna in F.3 e in F.1, di Schumi sono stato compagno di squadra in Benetton. E penso che Michael stia dietro a Senna e di molto. Ayrton era campione nato, un emozionale, Michael un puro calcolatore».

Imola 1994. Senna è a quota zero con la Williams, Schumi su Benetton in orbita nel Mondiale. Il via, la fuga, lo schianto. La fine. La fine? «Il crash lo ebbe davanti a me – racconta Orsi –, il resto è noto. Ma nessuno sa che alla postazione 2 di Imola (ingresso Tamburello, ndr) Ayrton aveva lasciato una bandiera austriaca che avrebbe sventolato da vincitore in onore di Ratzenberger, morto il giorno prima. Meno noto che dopo l'incidente di Roland, Ayrton era andato a ispezionare la Tosa, beccandosi una reprimenda dalla FIA che l'aveva fatto imbufalire».

Sì, il resto è cronaca. Umana, sportiva, processuale, fate voi.

Racconta Ramirez: «Gli avevo noleggiato un elicottero, perché dopo il Gp sarebbe volato in Portogallo dalla compagna Adriane Galisteu. Domenica gli consegnai un biglietto col nome dell'elicotterista, lui mi guardò grato e mi strinse la mano forte forte. Era un addio», – sfuma Ramirez.

«Dopo il crash, sfrecciando al Tamburello, si percepiva il rosso della pozza di sangue che aveva lasciato Ayrton. Fu terribile» – racconta Brundle.

«Di lui mi manca tanto, tutto – dice Angelo Orsi –, ma c'è una cosa che rende questa storia ancor più dolorosamente spezzata.

A inizio '94 Ayrton mi aveva detto: "La prossima volta che vinco sali in macchina con me e facciamo il giro d'onore, così scatti foto alla gente che mi fa festa. Nessuno ha mai fatto una cosa del genere e voglio vedere l'effetto che fa". Ora questa è la metafora di tutto ciò che di lui avrebbe potuto essere e purtroppo non è stato» –, chiude Angelo.

Un giro di rallentamento aggrappati a lui. Con l'eco di un trionfo mai spento. Per affetto, senso della memoria condivisa, per una passione che brucia ancora. In fondo è quello che stiamo facendo, qui ed ora. Per contemplare, come se quelle immagini esistessero davvero, un che di incancellabile.

Ramirez continued along the same lines. "Adelaide, 1993, Senna's farewell to McLaren. I said goodbye on the grid as it was the end of a great period in our lives. And as a real Latin I said, 'We have the same number of victories as Ferrari, Ayrton, if you win this one, I'll love you forever'. Tears came into his eyes one minute before the start. I asked myself, 'Jo, what have you done?' Never make a driver emotional before the start. What a daft thing to say…". But Ayrton won. Uncatchable, ruthless. That night, we went to a Tina Turner concert. She called him up on the stage and in front of a massive audience; she dedicated her song 'Simply the Best' to Senna. Because he really was. And saying Ayrton's record was beaten by Michael Schumacher was using wrong numbers, because the numbers lie sometimes. It would never have happened with Ayrton alive".

Brundle chimed in: "I've never liked Prost. I've raced with Senna in F3 and in F1; I was Schumi's teammate at Benetton. And I think Michael was behind Senna, a lot behind. Ayrton was a born champion, an emotional one. Michael was a pure calculator".

Imola, 1994. Senna was at zero with the Williams, but Schumi in the Benetton was in the world championship orbit. The start, the sprint, the crash. The end. The end? "The crash happened in front of me", Orsi recalled, "the rest is well known. But nobody knew that Ayrton had left an Austrian flag at Imola's position two (the entrance to Tamburello, Ed) which, if he had won, he would have flown in honour of Roland Ratzenberger, who had died the day before. Even less known was the fact that after the Austrian's accident, Ayrton went over and inspected Tosa and was reprimanded for it by FIA, which made him very angry".

Yes, the rest is well-known. Human, sporting, a process. You name it.

Ramirez remarked, "I had hired him a helicopter, because after the GP he was to fly to Portugal and his companion Adriane Galisteau. I gave him the ticket and the name of the helicopter pilot on the Sunday; he looked at me gratefully and shook my hand really hard. It was a goodbye".

"After the crash, I shot over to Tamburello and saw the red pool of blood Ayrton had left. It was terrible", Brundle recalled.

"I miss everything about him", remarked Angelo Orsi, "but there is something that makes this story even more painful.

"At the start of 1994, Ayrton said to me, 'The next time I win, jump onto the car with me and we'll do a lap of honour so that you can shoot some photos of the people cheering me. Nobody has ever done anything like that and I want to see the effect it has". Now, this is the metaphor for everything that he could have been and, unfortunately, it didn't happen", Angelo concluded.

A slow lap hanging on to him. With the echo of a triumph that never went away. For affection, the sense of a shared memory, for the enthusiasm that still burns. In reality it's that which we're doing here now. Contemplating, as if those images really existed, something that can't be cancelled.

Gli esordi in kart e quel Mondiale mancato

Kart è una parola grossa. Ayrton sale sul suo primo mezzo a quattro anni d'età, nel 1964, ed è un regalo di papà Milton, un manufatto autocostruito incistandoci il motorino di un tagliaerba, da un cavallo vapore di potenza.

Il gracilino "Beco" ci stampiglia su il numero 007 per le prime girate a nord-ovest di San Paolo, divertendosi come un matto a smontarlo e rimontarlo nel garage della casa paterna. Passa ore e ore nella ricerca dell'assetto giusto, amando il lavoro di sintonia fine e mostrando ossessione innata per la ricerca della perfezione. Un imprinting che non abbandonerà mai.

A nove anni, il primo vero kart, da meno di cinquanta chili, con freni a disco. Nel 1969 ci disputa la prima corsa non ufficiale, in un piazzale a Campinas. La griglia di partenza è a sorteggio e a lui tocca la pole. Pronti-via ed è in testa, poi lo riprendono e a tre giri dalla fine una toccata lo mette fuori gara. Ayrton va pazzo per le corse, punto. A 12 anni, a Interlagos, nel weekend del Gp del Brasile, si fa presentare da papà Milton il grande Emerson Fittipaldi, futuro Campione del mondo di F.1.

L'anno dopo è fatidico, perché da tredicenne può debuttare nelle gare ufficiali. Accade il giorno 1° luglio 1973, al Torneo d'Inverno, nel kartodromo vicino al tracciato di Interlagos e da lì cominciano due costanti: il numero di gara 42 e la vittoria. Accompagnato per tutta la carriera in kart e fino alla Formula Ford dal meccanico d'origine spagnola Lucio Pascoal Gascon, in arte "Tche".

Il resto è cronaca monocorde. Ayrton straccia tutti e sul bagnato va più forte della sua stessa ombra. Nel 1974 è campione Paulista nella Junior, l'anno dopo il bis, stavolta nella categoria 100 cc ed è vicecampione nazionale della Junior, mentre nel 1976 va di nuovo al top come Paulista, terzo nella serie nazionale, s'aggiudica la prestigiosa 3 Ore di Karting ed è 2° nella serie Paulista 100 cc.

Il 1977, per la prima volta, lo vede rinunciare all'amato numero di gara 42, nel Campionato Sudamericano che si disputa a San José, in Uruguay, ripegando sul 7, ma alla fine è davanti a tutti. Poche storie, Ayrton Da Silva sta sfondando. E per riuscirci del tutto deve accettare la sfida suprema: correre in Europa. Già, ma dove, come e, soprattutto, con chi?

Il consiglio arriva da un amico di famiglia, l'emigrante italiano Mario Milla, i cui due figli si sono misurati in pista contro Ayrton. La squadra giusta per il salto di qualità ha sede in Italia, presso Milano, e si chiama Dap, semplice sigla che sta per "Di Angelo Parrilla".

L'Angelo medesimo, contattato, ci sta e nell'agosto 1978 il

The kart debut and that elusive Championship

Kart is a big word. Ayrton sat in his first one at four years old, in 1964. It was a gift from his dad Milton, who built it, and was powered by a 1 hp lawn mower engine. The boy stamped the rough-hewn "Beco" on the number 007 for the first few laps north-east of San Paolo, enjoying himself like crazy taking it to bits and putting it back together again in his father's garage. He spent hours looking for just the right set-up loving the job of fine tuning, and displaying an innate obsession in the search for perfection. A trait that would never leave him. At nine years old he had his first real kart that weighed less than 50 kilos and had disc brakes. In 1969 he competed in his first unofficial race in a Campinas square. There was a draw for positions on the starting grid and even then he got the pole position. He shot into the lead but he was caught and three laps from the end a slight collision put him out of the race.

Ayrton became mad about racing. At 12 during the GP of Brazil weekend at Interlagos, he had his father introduce him to Emerson Fittipaldi, future Formula 1 World Champion. A year later was fateful, because as a 13 year old he could compete in official races at last. He made his debut on 1 July 1973 at the Winter Tourna-ment at the kartodrome near the Interlagos circuit and that's where two constants began: his race number 42 and victory. Accompanied throughout his kart career and into Formula Ford by his Spanish mechanic Lucio Pascoal Gascon, 'stage' name, "Tche".

The rest is part of kart racing history. Ayrton left everyone behind and in the wet he seemed faster than his own shadow. In 1974 he was the San Paolo junior champion, the following year he won it again, but this time in the 100 cc class, and was runner-up in the national championship. He became the top in San Paolo again in 1976; third in the nationals and won the prestigious 3 Hours of Karting; and came second in the San Paolo 100 cc.

In 1977 he had to give up his beloved number 42 for the first time to compete in the South American championship, which took place in San José, Uruguay, and changed to 7. In the end he was ahead of everyone else. No messing around. Ayrton Da Silva was making it. But to really make headway he had to accept the supreme challenge and race in Europe. But where, how and, above all, with whom?

Advice came from a family friend, an Italian émigré named Mario Milla, whose two sons competed against Ayrton on the track. The right team that would give him a step forward in quality was based in Milan, Italy, and it was called DAP, which stood for Di Angelo Parrilla.

The team was contacted, it agreed to take Ayrton and in August 1978 the boy from Brazil landed in Italy, where he was to live

Gli esordi in kart e quel mondiale mancato

ragazzo brasiliano sbarca in Italia – dove vivrà per tre annate, da maggio a settembre –, per il primo test, a Parma, sul kartodromo di San Pancrazio.

In Europa il karting è un culto monoteista e il dio in pista si chiama Terry Fullerton, pilota irlandese e pure lui uomo Dap, anche se corre con telai tedeschi Zip. Al sesto giro, Ayrton gira già sui tempi della divinità. Al box Dap sono sconcertati. Non gli dicono nulla, gli fanno rodare una pila infinita di motori, ma è chiaro che il bimbo è diverso dagli altri. Mese di settembre, kartodromo di Le Mans. Milton Senna sborsa 6500 dollari e il figlio debutta nel Mondiale. Poche storie, è strabiliante. Vince due manche di qualifica e nella terza rompe una biella. Ora le tre finali. Nella prima parte 16° e giunge 6°, nella seconda schizza in testa dopo soli 2 giri, ma il furbo Mike Allen lo butta fuori. Fine dei giochi. La grande rivelazione di Le Mans è Ayrton.

Nel 1979 è di nuovo Campione Sudamericano, vince il titolo brasiliano a Uberlandia e finisce al top nella 3 Ore di Kart. Il vero obiettivo resta il Mondiale, in Portogallo, a Estoril. "Beco" spopola nella prima manche, nella seconda si tocca con Fullerton ed è out, ma va a vincere la terza. Siamo alle finali, con la certezza che il migliore è lui. Nella prima frazione è 5°, nella seconda vince e nella terza trionfa, ma nel computo dei risultati è pari merito col compagno di squadra, l'olandese Peter Koene. Un cambio di regolamento privilegia i risultati delle qualificazioni come discriminante e arriva la beffa: virtualmente iridato ex-aequo, Ayrton è classificato secondo. Una delusione terrificante.

I target iniziali del 1980 vengono centrati tutti, col titolo brasiliano e sudamericano in tasca. Ora tocca al Mondiale, in Belgio, a Nivelles. Nelle frazioni di qualificazione si gira e sembra cedere la ribalta al formidabile Stefano Modena, poi nelle finali Ayrton si scatena, ma viene buttato fuori dallo svizzero Marcel Gysin. Bel guaio. Ayrton, furibondo, va a vincere la seconda mano e nella terza finale s'invola l'olandese Peter de Bruijn che relega il brasiliano a un nuovo e torturante 2° posto finale.

Il Mondiale che gli sfugge l'ossessiona. Ci riprova nel 1981, a Parma, quand'è già pilota auto, ma il passaggio dai 100 cc ai 135 cc gli tarpa le ali. Il suo Dap 127 cc non gli dà certezze e alla fine è solo 4°. L'ultimo hurrà mancato nel 1982, in Svezia, a Kalmar, ma una gomma piatta, una rimonta furiosa e un finale arrembante gli riservano un amarissimo 14° posto finale. È finita. Ayrton, già stella in monoposto, capisce che non sarà mai Campione del mondo in kart. Lo stesso destino di Michael Schumacher. Ma è l'insoddisfazione che gli aumenta una fame da sfogare altrove.

Nel novembre 1980, a Snetterton, ha già testato una Van Diemen Rf80 di Formula Ford, cominciando un'altra storia.

The kart debut and that elusive championship

from May to September for three years. His first test was at the San Pancrazio kartodrome in Parma.

In Europe, karting was a monotheist cult and God on the track was one Terry Fullerton, an Irish driver and a member of the DAP team even if he did race a German Zip chassis. By the sixth lap, Ayrton was already lapping really fast. But in the DAP pits they were bewildered. They didn't say anything, but made him run-in an infinite number of engines, even though it was clear that the kid was different from the others.

September, Le Mans kartodrome. Milton Senna shells out $6,500 and his son makes his debut in the world championship. No frills, he was just amazing. He won two qualifying heats and in the third broke a con-rod. Next there were three finals. In the first he started 16th and came sixth; in the second he shot into the lead after just two laps, but the crafty Mike Allen shoved him out. That was that. But the great revelation of Le Mans was Ayrton.

He won the South American championship again in 1979, the Brazilian at Uberlandia and finished at the top in the 3 Hours of Kart. But his real objective was still the world title at Estoril, Portugal. Beco beat them all in the first heat but in the second he had a 'coming together' with Fullerton and was out, but he won the third. Certain that he would be the best in the finals, he came fifth in the first heat, won the second and the third, a triumph. But in computing the results, he tied with his teammate Peter Koene of Holland. A change in the regulations privileged the qualifying results and discriminated, and then came the 'joke': he was the virtual world champion, a tie. In the end, Ayrton was classified second. A terrible disappointment.

In 1980, he scored a bull's eye with all his initial targets, winning the Brazilian and South American titles. Next, it was the world championship, this time at Nivelles, Belgium. In the qualifying heat he seemed to give way to the spotlight on the formidable Stefano Modena, but then he went really fast in the finals only to be pushed out by Switzerland's Marcel Gysin. A real problem. Furious, Ayrton won the second heat but in the third final Dutchman Peter de Bruijn flew and pushed the Brazilian down into second again.

He was obsessed with the elusive world championship. So he tried again at Parma in 1981 when he was already a racing car driver, but the switch from 100 cc to 135 cc clipped his wings. His DAP 127 cc was not a sure bet and in the end he only came fourth. The last hurrah was in 1982 in Kalmar, Sweden, where one of his tyres went flat. He climbed back up the field like fury personified, but a negative got him a bitter 14th place. That was it. Already a single-seater star, Ayrton realised at last that he would never be the world kart champion. The same happened to Michael Schumacher. But it was the dissatisfaction that augmented a hunger to cut loose elsewhere. He had tested a Formula Ford Van Diemen RF80 at Snetterton in November 1980. Another chapter of his story was about to be written.

■ Il Mondiale kart è la grande lacuna, l'anello mancante nella catena ininterrotta di trionfi nella carriera di Ayrton Senna. A vincerlo ci prova ininterrottamente dal 1978, a Le Mans, al 1982, a Kalmar, sempre con mezzi Dap, dimostrando di poter meritare ampiamente l'alloro iridato, senza tuttavia mai riuscire nell'impresa. Un vero e proprio traguardo stregato, per lui. L'unico. L'immagine sopra e quella nell'altra pagina si riferiscono entrambe alla sua ultima partecipazione alla sfida iridata, a Kalmar, in Svezia, nel 1982, quando una gomma piatta, una rimonta furiosa e un finale arrembante gli riservano solo un amarissimo 14° posto finale.

(Tutte le immagini pubblicate in questa doppia pagina provengono dall'Archivio Getty Images).

■ The world kart championship was the great gap, the missing link in an uninterrupted chain of success in the career of Ayrton Senna. He tried to win the kart title each year between 1978 at Le Mans, France, and 1982 at Kalmar, Sweden, in DAPs and showed convincingly that he merited it – but he never made it. It was the only title he went after that eluded him. The picture above and on the other page were taken at his last attempt in 1982 at Kalmar, where he had a flat tyre, climbed furiously back up the field and in a desperate finale he suffered the bitter disappointment of 14th place.

(All images published in this double page spread come from the Getty Images Archive).

Ayrton nell'abitacolo di una monoposto

Il 1981 è l'anno della svolta agonistica ed esistenziale. Ayrton passa alle auto. E dall'Italia sposta il centro di gravità degli interessi in Inghilterra. In kart è un re, pur senza corona, ma in monoposto deve ripartire da zero. E per farlo sceglie la categoria più formativa e competitiva del mondo, la Formula Ford 1600, col costruttore e la vettura al top: Ralph Firman e la Van Diemen Rf81, con metà budget finanziato da papà.

Vivrà da marzo a settembre in un paese freddo e lontano, dove parlano una lingua a lui sconosciuta. Solo contro tutti e tutto.

Proprio solo no, perché in febbraio Ayrton sposa Liliane Vasconcelos Sousa, simbolo della sua infanzia, oltre che ragazza quasi coetanea. È certo di potersi creare un nucleo caldo, un porticciolo sicuro in cui formarsi come pilota e uomo.

Al volante, tornato all'amato numero 42, sbanca. Il tempo di debuttare, nella serie F&O Ferries, con un 5° posto a Brands Hatch, e poi sarà tutta una marcia trionfale, da sovrano dei campionati Townsend-Thoresen e Rac, in tutto 12 trionfi su 20 corse con la Van Diemen gialla dal musetto nero: un incubo per gli avversari.

Eppure c'è qualcosa che non va, perché la Formula Ford 1600 vive il suo Festival a fine stagione, un Mondiale monomarca in un solo weekend e Ayrton marca visita. Non c'è. Se ne è tornato a casa, con la carriera in discussione e la vita coniugale a pezzi.

La famiglia, già contraria al matrimonio, vede di cattivo occhio anche le corse, che lo distolgono dall'aiutare il padre Milton, affermato imprenditore.

In pochi giorni il ventunenne ragazzo vive un doppio dramma personale, accettando la doppia e definitiva separazione: dalle corse e dalla moglie.

I mesi passano e Ayrton non sorride più.

Perché dell'automobilismo proprio non può fare a meno. Senza, è uomo dall'anima rubata, tanto che i genitori Neyde e Milton decidono di dare il consenso al suo ritorno in Inghilterra, per la prosecuzione della carriera di pilota. Da quel giorno Ayrton non smetterà mai più di gareggiare.

Il 1982 al volante della gialla Van Diemen Rf82 a fiancate nere, con un budget di circa 10.000 sterline, si dipana in un duplice e annichilente dominio, nella serie inglese di Formula Ford 2000, la Pace British, e quella europea, sotto l'egida della Efda. Il conto complessivo è semplice: 28 gare, 21 vittorie. Più un successo nella Celebrity Race a Oulton Park, su una Talbot Sunbeam Ti.

Altro? Altro. Perché, già che c'è, il 13 novembre, debutta fuori Campionato col team di Dick Bennett in F.3 a Thruxton su una Ralt Rt3-Toyota e ottiene pole, giro più veloce e vittoria.

Ayrton in a single-seater cockpit

The competitive and existential turnaround year was 1981. Ayrton moved on to cars. And from Italy he shifted his focus to England. In kart he was king, even if one without a crown. But in single-seaters he had to start from zero. And to do that he chose the world's most formative and competitive category. Formula Ford 1600, with a top constructor and car. Ralph Firman and a Van Diemen RF81, with half his budget financed by his dad.

From March to September he lived in a cold and distant country, where they spoke a language he didn't know. He was alone against everyone and everything.

Not completely alone, because in February he married Liliane Vasconcelos Sousa, symbol of his infancy as well as a girl of almost his own age. He was sure he could create a warm nucleus, a safe haven in which to shape himself as a man and racing driver. He returned to his beloved car number 42, ready to clean up. Just in time to make his debut in the F&O Ferries series with a fifth at Brands Hatch and then it would all be a triumphal march to the top of the Townsend-Thorenson and RAC Championships: 12 victories in 20 races in the black nosed, yellow Van Diemen: a nightmare to his adversaries.

Yet there was something that wasn't quite right, because Formula Ford 1600 peaked at the end of the season, a single-marque world championship on just one weekend, and Ayrton missed out. He wasn't there. He'd gone back home to Brazil with a question mark over his career and with his marriage falling apart.

His family had been against the marriage and they weren't all that happy about him racing either, which didn't exactly encourage a helping hand from his father Milton, a well-established businessman.

In just a few days, the 21 year old lad lived through a double personal drama, accepting the double and definitive separation from racing and from his wife.

Months went by and Ayrton never smiled. Because he couldn't do without motor racing. Without it, he was a man whose soul has been stolen, so much so that his parents, Neyde and Milton, decided to approve his return to England to pursue a career as a racing driver. From that day on, Ayrton never stopped racing. In 1982, he drove a black and black sided Van Diemen RF82 with a budget of about £10,000. He plunged into the double, annihilating dominion of the British Formula Ford 2000 series, the Pace British as well as the European one under the EFDA. Altogether, there were 28 races and Ayrton won 21 of them. And also the Celebrity Race at Oulton park in a Talbot Sunbeam Ti. More? Yes, more. Because on 13 November he made his debut outside the championship with Dick Bennett in F3 at Thruxton driving a Ralt

Ayrton nell'abitacolo di una monoposto

Ormai Ayrton è molto più che promettente. Ha il passo dell'astro nascente. Boss della F.1 quali Ron Dennis e Ted Toleman gli fanno la corte, ma lui resta vergine di contratti, perché punta a un'unione seria col mondo dei Gp, non certo a un'avventura.

Così si prepara al 1983 cambiando non solo categoria, ma anche cognome.

"Chico" Serra, già campione britannico di F.3 e poi pilota di F.1 oltre che amico e consigliere – gli ha fatto fare i primissimi giri in monoposto con una F.Vw, presentandogli poi Ralph Firman –, gli dice che col cognome paterno, ossia "Da Silva", mediaticamente Ayrton buca poco. Meglio adottare il cognome della madre, Senna, come, per motivi diversi, ha già fatto Piquet, e tutto funzionerà a meraviglia. Il quasi 23enne paulista ci sta e ecco piombare nella F.3 britannica Ayrton Senna, al volante di una Ralt Rt3-Toyota del team West Surrey di Dick Bennett, ben gestito dall'amico paterno Armando Teixeira, suo mentore e pilastro fino alla morte avvenuta nel 1989.

La serie a base inglese è probante e massacrante: 20 gare, da marzo a ottobre. L'avversario più terribile ha un anno più di lui e si chiama Martin Brundle, stessa monoposto e stesso Toyota, sotto le insegne dell'ex pilota Eddie Jordan. Stavolta il successo per distacco alla Fausto Coppi o il kappaò al primo round stile Mike Tyson non sono in preventivo.

Sarà lotta vera e dura, fino alla fine. Eppure, detto questo, le cose che succedono in pista appaiono in controtendenza. Perché da marzo a maggio Senna stradomina, con nove centri in nove gare, roba da record. Tutto finito, in teoria. Invece no. Nel momento di maggior forza, Senna tira tre cannonate consecutive contro le barriere a Silverstone, Cadwell Park e Snetterton e poi ancora, in due diverse prove, a Oulton Park.

Tra reclami persi, morale ammaccato, toccate con Brundle e cinque ansiogeni zeri in classifica, Senna entra in un tunnel, mentre il rivale va a razzo e il duello resta aperto fino all'ultima corsa, a Thruxton: chi vince questa, vince tutto. Una botta secca, stile Mondiale kart. Forse, il tipo di sfida che il veloce ma tenero Ayrton Da Silva odierebbe. Ma Ayrton Senna è un uomo diverso e maturo.

Il 20 ottobre emigra a Macao, nel locale e prestigioso Gp fuori da tutti i campionati e coi colori del magnate Teddy Yip non ha avversari.

E solo una settimana dopo, a Thruxton, per Martin Brundle non c'è scampo: il brasiliano lo trafigge con pole, giro più veloce in gara, vittoria e titolo britannico di F.3.

A 23 anni Ayrton Senna ha chiuso il cammino nelle formule promozionali, vincendo tutto e contro chiunque. Per lui si schiudono ora – e con pieno merito –, le dorate porte della Formula 1.

Ayrton in a single-seater cockpit

RT3-Toyota and took pole, set the fastest lap and won the race. By that time, Ayrton was a lot more than just "promising". He had the speed of a rising star. Formula 1 bosses Ron Dennis and Ted Toleman courted him, but he maintained his contract unsullied, because he was aiming for a solid association with the F1 world and certainly not a simple foray in and out of the sport.

So he prepared himself for 1983, changing not only his category but also his surname. Chico Serra was the British F3 champion at the time and went on to become an F1 driver, as well as a friend and advisor of Sienna's; it was he who let Ayrton do a first few laps in an F VW single-seater and then introduced him to Ralph Firman; it was he who said that using his father's surname of Da Silva would get little press coverage. It would be better to use Senna, his mother's name, as Piquet had done but for different reasons – and everything worked out fine. The almost 23 year old from San Paolo went for it, so one Ayrton Senna entered the British F3 championship driving a West Surrey Racing Ralt RT3-Toyota run by Dick Bennett, well managed by a fatherly friend, Armando Teixeira, his mentor and strongman until the elder man's death in 1989.

The British series ran for a positive but gruelling 20 races, from March to October. His toughest adversary was the slightly older Martin Brundle in a similar Toyota-engined car belonging to ex-driver Eddie Jordan. This time, there was no question of a runaway victory like a Mike Tyson knockout. Instead, there was a long, hard battle right through to the end. Yet, having said that, the things that happened on the track seemed against the trend. Because from March to May Senna dominated the series with nine victories in nine races, a record. In theory, that should have been it. But no. At the time of his greatest effort, Senna smashed into the barriers of Silverstone, Cadwell Park and Snetterton and then in two different races at Oulton Park.

Amidst the lost disputes, battered morale, hitting Brundle's car and five anxiety-inducing zeroes in the championship, Senna plunged into a tunnel, while his rival charged ahead and the duel stayed open until the last race at Thruxton. Whoever won that would win everything. All in one go, just like the kart world championship. It may have been the kind of challenge the fast young Ayrton Da Silva hated. But Ayrton Senna was a different person altogether, a more mature man. On 20 October he travelled to Macao for the prestigious local GP unconnected with all the championships and, in Teddy Yip's colours, he had no opposition.

And at Thruxton just a week later, there was no escape for Martin Brundle. The Brazilian walked it with pole, the fastest lap, victory and the British F3 championship.

At 23 years old, Ayrton Senna had finished with the promotional formulae, having won everything against everybody. Next, he was to unlock the golden doors of Formula 1 – on pure merit.

■ Nel 1981, al vero debutto con le monoposto, Ayrton è subito una stella in Gran Bretagna, nella formativa e prestigiosa Formula Ford 1600. In alto a sinistra, è a Oulton Park, in occasione di una gara della serie Townsend Thoresen, al fianco del compagno di marca Fernando Macedo, seduto sulla Van Diemen che "Beco" porta in gara con successo in quella stagione. Al centro, è con la giovane moglie Liliane, in festa per la prima vittoria in monoposto, a Brands Hatch, il 15 marzo 1981. In basso, ecco Ayrton in azione a Donington, sempre in Formula Ford 1600, con l'amato numero 42, mentre sta per affrontare la chicane del tracciato in versione junior. In alto, Ayrton con la Ralt Rt3/83-Toyota del West Surrey Racing, con la quale diventa Campione britannico di F.3 nel 1983. Infine, sopra, un'immagine dell'anno prima, col brasiliano al volante della Van Diemen Rf82 del Rushen Green Racing, mentre va a vincere la gara di Mallory Park in un'annata per lui trionfale in Inghilterra e in Europa. (Tutte le immagini pubblicate in questa doppia pagina provengono dall'Archivio Getty Images).

■ In his first real debut in a single-seater in 1981, Ayrton became an immediate star. It was in Britain's formative and prestigious F. Ford 1600. Above left, he's at Oulton Park for a race in the Townsend Thoresen series, next to Fernando Macedo in a similar Van Diemen that "Beco" raced successfully that season. Centre: Senna with his young wife Liliane, celebrating his first victory in a single-seater at Brand Hatch on 15 March 1981. Below: there's Ayrton in action in F. Ford at Donington with his beloved number 42 as he is going into the chicane on the junior circuit. Above: Ayrton with the Ralt RT3/83-Toyota of West Surrey Racing in which he became the 1983 British Formula 3 Champion. And lastly, above, a picture from the previous year, with the Brazilian at the wheel of the Van Diemen RF82 of Rushen Green Racing on his way to winning at Mallory Park in a triumphant year for him in both the UK and Europe. (All images published in this double page spread come from the Getty Images Archive).

■ Il 1983 è un anno intensissimo per Ayrton, che trova anche il tempo di volare a Macao, nell'allora protettorato portoghese in terra cinese, per andare a sbancare l'omonimo Gran Premio, il 20 ottobre, guidando la Ralt nei colori Theodore Racing-Marlboro, messagli a disposizione dal locale mecenate Teddy Yip. A destra, Ayrton ai primi assaggi con la Formula 1. Il 19 luglio 1983 eccolo a Donington, con la Williams Fw08C. In basso, il test premio per essere stato protagonista nella F.3 britannica di quell'anno: avviene il 25 ottobre a Silverstone, al volante della McLaren condotta nel Mondiale da Lauda e Watson. Anche in questo caso i riscontri dei cronometri saranno molto positivi; il suo debutto vero e proprio nei Gran Premi, ormai, è solo questione di tempo.

■ The 1983 season was a really intense one for Ayrton, but he still found time to fly to Macao in the then Portuguese protectorate on Chinese territory to win the famous Grand Prix there on 20 October driving a Ralt in Theodore Racing-Marlboro colours made available to him by local patron Teddy Yip. Right: Ayrton and his first taste of Formula 1. On 19 July 1983, he was at Donington with a Williams FW08C. Below: part of his prize for having won the year's British F3 championship was to test drive the Niki Lauda-John Watson McLaren at Silverstone on 25 October. He put in some highly positive times, suggesting his Grand Prix debut was just around the corner.

1984
Fra i grandi con la Toleman

Tra Senna e la F.1 si instaura da subito un rapporto singolare. Mai un giovane, in attesa del debutto, è stato così agognato e desiderato, tanto da essere chiamato a disputare molteplici test da parte di top team. Martedì 19 luglio 1983 gira a Donington con la Williams Fw08C, che l'anno prima ha vinto il titolo con Rosberg, inanellando ben 83 giri. Poi tocca alla Brabham Bt52 a motore turbo Bmw, che Senna prova in Francia, a metà ottobre, al Ricard prima di andarsene a Macao per dominare il Gp di F.3.

Il 25 ottobre è il turno della McLaren Mp4/1C, a Silverstone, quale test premio per la vittoria nella F.3 britannica. Tempone a fine giornata e la soddisfazione di aver fatto meglio dei rivali Brundle e Bellof.

Infine, ai primi di novembre, Ayrton è di nuovo a Silverstone, per girare con la Toleman TG183-Hart. Resta in pista 72 giri, con l'ennesimo crono da urlo.

L'interstagione scorre, le trattative fervono, a parole tutti lo vogliono, ma va presa una decisione, perché è già tardi.

La scelta cade sulla Toleman, la squadra più giovane e meno blasonata. Il motivo è semplice: gli altri posti, di fatto, sono già tutti occupati.

E le condizioni non sono neanche esaltanti. Ingaggio zero e possibilità di trarre guadagno solo dagli sponsor personali, posti sulla tuta. Il contratto è triennale, con la possibilità di liberarsi pagando una penale modesta. In poche parole, Ayrton s'incatena alla Toleman riservandosi di usare quando vuole la chiave del lucchetto per scappare.

Inoltre sa di dover disputare le prime gare sulla difensiva, con la vecchia e pesante TG183B. Poco male. Debutta proprio in Brasile, a Jacarepaguà, presso Rio de Janeiro, ritirandosi ben presto per problemi alla pressione del turbo. Il 7 aprile a Kyalami, in Sudafrica, il motore Hart regge e Ayrton, benché fisicamente a pezzi nell'infuocato finale, agguanta un sorprendente sesto posto che gli vale il primo punto iridato. La sesta piazza si ripete a Zolder, ma è retroattiva, per la successiva squalifica del team Tyrrell, che tramuta in un altro punto il settimo posto conquistato in pista. Poi il colpo di scena. Nel weekend del Gp di San Marino, a Imola, il team Toleman entra in rotta di collisione col suo fornitore di gomme, la Pirelli, e il venerdì le vecchie TG183B restano ai box. Girano solo sabato, ma il motore Hart di Ayrton ha guai all'impianto di alimentazione e il brasiliano, per la prima e unica volta in carriera, subisce l'onta della manca-

1984
Among the greats with Toleman

There was an immediate, singular relationship between Senna and Formula 1. But a youngster like him, keen to make his debut, was in such demand that he had to drive a string of tests for the top teams.

He tried a Williams FW08C at Donington on 19 July 1983, the car that had won the world title the previous year with Keke Rosberg, and put in 83 laps.

Then, it was the BMW turbo powered Brabham BT52's turn, which Senna tested in France in mid-October at the Paul Ricard Circuit before flying off to Macao to dominate the island's F3 GP. On 25 October, he climbed into a McLaren MP4/1C at Silverstone, a test that was part of his haul for winning the British F3 title. By the end of the day, he had put up the best time, better than Brundle and Stefan Bellof.

And lastly, in early November, Ayrton went to Silverstone again to try the Toleman TG183-Hart. He stayed out on the track for 72 laps and put in another fantastic time.

The between seasons period wore on, fevered negotiations went ahead; everyone said they wanted him, but a decision had to be taken because it was getting late.

In the end, he chose Toleman, the youngest and least famous team. The reason was simple enough: the other teams' places had already been filled.

The engagement conditions weren't exactly exciting, either: no money up front and only the opportunity to negotiate earnings from his personal sponsors' patches on his driving suit. It was a three-year contract with the possibility of freeing himself of it early by paying a modest penalty. In a word, Ayrton chained himself to Toleman but with the chance to unlock his chains and get away. On top of that, he knew he had to drive his early races in defence with the heavy, old TG183B. No matter. He made his debut at the Jacarepagua circuit near Rio de Janeiro, but soon retired with turbo pressure problems. On 7 April at Kyalami in South Africa, the Hart engine stood up to it and, even though Ayrton was physically in pieces, he snatched a surprising sixth place that was worth his first F1 World Championship point. He took another sixth at Zolder but he was moved up the order for the subsequent disqualification of Tyrrell, which transformed into another point after initially coming seventh on the track. Then, drama. During the GP of San Marino weekend at Imola, Italy, Toleman embarked on a collision course with its tyre supplier, Pirelli, and on the Friday the old TG183Bs languished in the pits. The British cars didn't take to the track until the Saturday,

1984 Fra i grandi con la Toleman

ta qualificazione. Schiumante di rabbia, giura che non succederà più: negli anni successivi, dal 1985 al 1991, a Imola sarà sempre in pole. Senna quando s'arrabbia fa paura.

Il tempo di vincere la gara inaugurale del nuovo Nürburgring su una Mercedes e rieccolo in F.1 a Digione, con la nuova Toleman TG184 ora gommata Michelin, ferma anzitempo per rottura del turbo.

E siamo al weekend che gli cambia la vita. A Montecarlo. In prova tribola con la monoposto ancora da svezzare ed è solo 14°. Verdetto apparentemente tombale per le sue speranze. Ma la domenica piove. Ayrton sa d'avere la grande chance. E la cronaca della corsa sembra essere una storia tratta dal folklore e dalle leggende popolari. Domenica 3 giugno 1984 Senna corre come se la pioggia non ci fosse. Emerge, è proprio il caso di dire, dalle retrovie, stile divinità acquatica, e ben presto mette nel mirino il cauto leader della gara sotto l'uragano, Alain Prost su McLaren Mp4/2-Tag-Porsche. L'aggancio e il sorpasso sembrano scontati, quando il direttore di corsa Jacky Ickx, che qualcuno fa notare, non senza malizia, è pilota Porsche nell'Endurance, interrompe la sfida per motivi di sicurezza: pare piova troppo, insomma. Per tutti meno che per i rimontanti rookie Senna e Bellof, con quest'ultimo più veloce di Ayrton ma con una Tyrrell sottopeso e poi esclusa da tutti i risultati della stagione.

Okay, Ayrton si deve accontentare di un secondo posto e metà punti, tre piuttosto che sei, perché la gara non ha il minimo di chilometri percorsi per assegnare punteggio pieno, ma che importa. Il brasiliano, nel Gp più glamour e seguito del Mondiale, è l'uomo del giorno, l'eroe coraggioso e sfortunato, al quale tutti sentono che è stata rubata la vittoria. Sulle colonne del settimanale *Rombo* il direttore, l'autorevolissimo Marcello Sabbatini, accusa i big della F.1 di renitenza al rischio, salvando dall'accusa Senna e Bellof. È nata una stella.

Nel resto della stagione in qualifica Ayrton entra puntualmente nella top ten, ma la vettura è inaffidabile, a parte in due occasioni nelle quali assapora la gioia del podio: a Brands Hatch, nel Gp di Gran Bretagna, e a Estoril, in Portogallo, nella corsa finale. Ma in mezzo ai due exploit si verifica un episodio che sa di futuro. Nel weekend del Gp d'Italia, Senna viene messo a piedi dalla Toleman, perché in gran segreto, il giorno 5 agosto, ha firmato il contratto per correre dal 1985 con la Lotus, senza neanche pensare di pagare la penale prevista per rescindere l'accordo triennale col team. Ayrton provvede, ma quelli della Toleman, inviperiti, chiamano Johansson al posto suo, per Monza. Curioso: al primo anno in F.1, Senna ha saltato entrambi i Gp italiani.

A fine stagione Ayrton, con 13 punti, è nono nel Mondiale vinto da Niki Lauda su McLaren, ed è il miglior debuttante, con tre presenze sul podio e una vittoria sfiorata. Non poteva sperare di meglio. La Lotus l'aspetta e la vita gli sorride.

1984 Among the greats with Toleman

but Ayrton's Hart engine was giving fuel feed problems and, for the one and only time in his career, he was unable to qualify. Fuming with rage, he swore that would never happen again: in the years from 1985 to 1991 he would always be in pole position at Imola. When he became furious, Senna was frightening.

Meanwhile, Ayrton won the inaugural race at the new Nürburgring in a Mercedes-Benz. Then the return to Formula 1 at Dijon in the new Toleman TG184, this time on Michelin tyres. But he retired before race's end with turbo woes.

Then came one of the greatest weekends of his life: at Monte Carlo. In practice, he had niggling problems with his car, which still had to be sorted and only came 14th. Not at all up to his expectations. But on race day Sunday it rained. Ayrton knew he was in with a great chance. And later, the race reports read like folklore, popular legends. On that 3 June 1984, Senna raced as if it wasn't raining at all. He emerged from the back of the pack in divine aquatic style and soon targeted the cautious leader of the race, Alain Prost in a McLaren MP4/2-TAG-Porsche, under an almighty downpour. Senna drew a bead on the Frenchman and looked like he would certainly overtake Prost, when race director Jacky Ickx stopped the challenge for safety reasons (someone noted, not without malice, that Ickx was a Porsche endurance driver). It seemed it was raining too heavily. For everyone except the challenging rookie Senna and Bellof, who was faster than Ayrton, but with an underweight Tyrrell that was excluded from all the season's results.

OK, Ayrton had to be happy with that second place and half points, three instead of six; the race didn't run the minimum number of kilometres which would have meant full points, but who cared? In the most glamorous GP of the season, watched by the world, the Brazilian was the man of the day, the courageous and unlucky hero, who everybody believed was robbed of victory. In the Italian motor sport weekly Rombo, the authoritative Marcello Sabbatini accused the top people in F1 of unwillingness to take the risk, so saving Senna and Bellof from accusation. A star was born.

Ayrton was always one of the top 10 qualifiers for the rest of the season after that, but the Toleman was unreliable, except the two times he tasted the joy of the podium: at Brands Hatch in the GBGP and Estoril, Portugal, in the last race of the season. But in between, there were episodes that pointed to the future. During the Italian GP weekend, Senna was not allowed to compete because on 5 August he had secretly signed to race for Lotus in 1985, without even thinking about paying the penalty for breaking his agreement with the team. Ayrton paid up, but instead the furious Toleman people put Stefan Johansson in the car for the Monza race. Strange: in his first year in F1, Senna missed both the Italian GPs.

At the end of the season Ayrton was ninth in the world championship with 13 points, the title won by Niki Lauda in a McLaren. The best debutante with three podium places and an almost victory for Senna. He couldn't have hoped for more. Lotus was waiting and life was looking good.

STAGIONE
1984
SEASON

■ Il 1984 è l'anno del debutto in F.1 con la Toleman. Comprensibile, a fianco, la felicità di Ayrton per aver coronato il sogno che coltivava sin da ragazzo: gareggiare contro i campioni più acclamati. Ma la scarsa affidabilità della vecchia TG183B gli regala anche qualche preoccupazione e, per questo, Senna non esita a "dare anche una mano" ai box (in alto). Nella pagina di apertura, è con la nuova Toleman TG184, a Montecarlo, nel weekend del riscatto. Qui gira sull'asciutto, in prova.

■ Ayrton made his Formula 1 debut in a Toleman in 1984. His happiness at having realised a dream is understandable (opposite), it having been his life's ambition since he was a child to compete against the highest acclaimed champions. But the unreliability of the old TG183B was also worrying, and in that case Senna didn't hesitate to give them a hand in the pits (above). In the opening page, Ayrton is with the new Toleman TG184 at Monte Carlo during his launch weekend. Here, he is lapping in the dry during practice.

I primi test della TG184, sopra, si dimostrano promettenti, ma intanto Ayrton si deve accontentare della vettura dell'anno precedente, a sinistra, per debuttare nel Mondiale. La stessa monoposto (nella pagina a fianco in alto), la Toleman TG183B a motore turbo Hart 4 cilindri si distingue per essere una vettura pesante, difficile da guidare e proverbialmente poco affidabile. Ma Ayrton saprà domarla. Da subito, a partire dalle prime prove, sino al debutto vero e proprio nei Gp.
Alla seconda gara (sotto), cioè nel Gp del Sudafrica, il brasiliano ha già due certezze: è in grado di surclassare il compagno di squadra Johnny Cecotto, tanto che a Kyalami, giungendo sesto, conquista il primo punto stagionale.

The first tests of the TG 184 (above) were promising, but meanwhile Ayrton had to be content with the previous year's car (left) for his F1 World Championship debut. The same car (opposite, above) – the Toleman TG183 powered by a Hart 4-cylinder turbo – was heavy, difficult to drive and not very reliable. But Ayrton knew how to dominate it. First during his test and then in his real debut in a Grand Prix itself.
In his second Grand Prix (below) in South Africa, the Brazilian already had two certainties: he could outclass his teammate Johnny Cecotto, and he came sixth in the Kyalami race to win his first point of the season.

■ Nella pagina a fianco, il Gp di Montecarlo 1984 si rivela il primo punto della svolta per la carriera di Ayrton Senna in F.1. Malgrado qualifiche travagliate che lo vedono partire dietro nello schieramento, la domenica della gara piove copiosamente e "Beco" sfrutta alla grande l'occasione, tuffandosi in una rimonta da leggenda, fino a insidiare il battistrada Alain Prost che è al volante della McLaren-Tag-Porsche. Sarà solo una provvidenziale bandiera rossa di stop, esposta per la troppa pioggia, a impedirgli di superare il francese, come avrebbe meritato, involandosi verso quello che sarebbe stato il suo primo successo.

Dall'alto, alcuni momenti della stagione 1984: il kappaò a Detroit, in azione a Dallas prima del ritiro, sul podio del Gp di Gran Bretagna, terzo classificato dietro al vincitore Lauda e alla Renault di Warwick, intento a festeggiare, e in azione con la TG184 nei colori "da guerra", a stagione ormai avanzata.
Nella foto sopra, Ayrton ha colto l'ennesimo podio della stagione proprio nella corsa co-clusiva del Mondiale, il Gp del Portogallo che, per appena mezzo punto, incorona Niki Lauda iridato per la terza volta in carriera, davanti all'incredulo compagno di squadra Prost. Inevitabile l'abbraccio fra Niki e la sua Marlène.

■ Opposite page, the 1984 Grand Prix of Monaco turned out to be the first point in the turnaround of Ayrton's F1 career. Despite qualifying problems that meant he started from the back of the grid, on race day Sunday it rained heavily and "Beco" took full advantage of that occasion. He made a legendary climb back up through the field to threaten leader Alain Prost's McLaren-TAG-Porsche. It was only a providential red flag that stopped the race due to torrential rain – and stopped him from overtaking the Frenchman to take his first GP win.

From above, a number of moments during the 1984 season: the KO at Detroit; in action at Dallas before retirement and on the podium of the Grand Prix of Great Britain, having come third behind winner Niki Lauda and Derek Warwick's Renault, intent on celebrating; in action in the TG184 in "war colours" well into the season.
Above: Ayrton won a podium place once again in the closing stages of the world championship at the GP of Portugal. With just a half point advantage, Lauda became Formula 1 World Champion for the third time in his career, ahead of his incredulous teammate Prost. An inevitable embrace between Niki and his Marlène.

1985-1987
Finalmente in un team di vertice: gli anni Lotus

L'inizio del rapporto con la Lotus 97T motorizzata Renault turbo ha prodromi tormentosi. Nell'inverno 1984-1985 Ayrton è vittima di una paresi facciale, che per mesi lo deprime, poi tutto si risolve e la parola passa alla pista.

Nel leggendario team dai colori nero e oro John Player Special, fondato dal compianto Colin Chapman, Ayrton viene diretto da Peter Warr, il timone tecnico lo tiene Gerard Ducarouge e il suo compagno di squadra è Elio De Angelis, uno all'apparenza come lui: ricco, bello e, soprattutto, velocissimo.

Elio è un manico vero. Quando Nigel Mansell ha lasciato la Lotus per la Williams, il romano ha detto chiaro: «Di lui ricorderò che da me prendeva un secondo al giro». Ed era vero. De Angelis rispetta Senna, ma confida nell'esperienza di sei stagioni piene in F.1, cinque delle quali alla Lotus, dove è di casa. Sbaglia. Perché con Ayrton sul giro secco c'è poco da discutere. De Angelis è bravissimo, Senna stellare. Punto.

La squadra ne prende atto e inizia a slittare in favore del paulista. Da quasi subito. Dopo il Gp del Brasile si va a correre in Portogallo, all'Estoril, il 21 aprile 1985.

La domenica pomeriggio piove, come a Montecarlo 1984, e stavolta Senna saluta tutti e se ne va. Fugge, attacca fino alla fine, fa pure una piccola digressione, ma il suo passo di gara è incontenibile.

Alla fine la Ferrari inseguitrice di Michele Albereto è staccata di un minuto abbondante: Ayrton Senna vince per la prima volta un Gp di F.1.

Attenzione, Elio De Angelis non è ancora fuori causa. Il romano, nella prima parte del Mondiale, come rendimento in gara, gestione gomme e, soprattutto, controllo dei consumi di benzina, nell'era della F.1 a serbatoi dalla capacità calmierata, è ancora un maestro. Tanto che va a vincere il Gp di San Marino a Imola, nel giorno in cui Ayrton è fuori per panne secca.

Ma la Lotus non è in grado di reggere la scena nella sfida iridata con la Ferrari di Alboreto che pare involarsi, salvo essere raggiunta e staccata dalla McLaren-Tag-Porsche di Alain Prost.

Poco male. Nel team inglese la filosofia abbracciata dal tecnico Ducarouge è singolare e affascinante. Se non ci sono possibilità di vincere la gara, la sfida filosofica diventa a chi

1985-1987
A top team at last: the Lotus years

The beginning of his relationship with the Lotus 97T powered by a Renault turbo had nerve-racking early niggles.

In the winter of 1984-5, Ayrton had a slight facial paralysis that depressed him for months, but then everything was resolved and life transferred to the track.

In the legendary team founded by Colin Chapman with its John Player Special black and gold cars, Ayrton was directed by Peter Warr, his technical guiding light Gerard Ducarouge and his teammate Elio De Angelis; a man like the Brazilian – rich, handsome and, more than anything else, fast.

Elio was a real fanatic. When Nigel Mansell left Lotus for Williams, the Roman said, "What I'll remember about him is that he took a second a lap off me". And it was true. De Angelis respected Senna, but was confident of his six seasons of experience in Formula 1, five of them at Lotus, where he felt at home. Wrong. Because on a single lap with Ayrton there wasn't much he could do. De Angelis was really good, but Senna was just outstanding. Full stop.

The team took action and began to operate in favour of the man from San Paolo. Almost right away. After the Grand Prix of Brazil, next up was the Portuguese GP at Estoril on 21 April 1985.

That Sunday afternoon it rained just like in Monte Carlo in 1984, but this time Senna said goodbye to all of them and just – disappeared. He attacked right through to the end, even made a small "detour", but his race speed was uncontainable. By race's end, Michel Alboreto's Ferrari was way behind in second place with a deficit of over a minute. That was the day Ayrton Senna won a Formula 1 Grand Prix for the first time.

But Elio De Angelis was by no means out of the picture. During the first part of the season he was still the master of race performance, the administration of his tyres and especially his fuel consumption control at a time in F1 when the capacity of fuel tanks was regulated. So much so that he won the San Marino GP at Imola when Ayrton dropped out with an empty tank.

However, Lotus couldn't hold off the world championship challenge from Alboreto's Ferrari, which seemed to just fly, although Senna did catch the leading McLaren-TAG-Porsche driven by Alain Prost. No big deal. In the British team, the philosophy embraced by Ducarouge was unusual and fascinating all in one. If it wasn't possible to win the race, the philo-

1985-1987 Finalmente in un team di vertice: gli anni Lotus

è più veloce in qualifica, con gomme tenere, macchina leggera e la spinta del turbo a rendere estrema la sfida. Ayrton sognava il Mondiale e s'accontenta di diventare predatore di pole, sette a fine anno. E prima che la stagione sia finita si torna a correre a Spa, il circuito preferito di Ayrton per di più in un giorno di pioggia. Gli avversari non hanno scampo e per lui arriva la seconda vittoria in carriera.

A una gara dalla fine, a Kyalami, una monumentale litigata ai box sublima la fine del rapporto tra Senna e De Angelis, che sbatte la porta e se ne va dalla Lotus. Il quarto posto finale di Ayrton non è male ma i suoi target erano più ambiziosi. Nel frattempo, all'interno del paddock il brasiliano è cresciuto e mediaticamente si muove come quando guida in un Gp bagnato. E oltre a saperci fare, cura e alimenta la sua immagine tra i tifosi non trascurando di tenere una colonna sul settimanale *Autosprint*, per il quale svolge anche una serie di interessanti prove su strada dei "mostri" Gruppo B da rally.

Il 1986 parte con auspici simili ma finale uguale all'anno precedente. La squadra ingaggia il visconte Johnny Dumfries, quattro quarti di nobiltà, pilota onesto e niente più, perché il sovrano Ayrton non vuole noie nel suo locale. La nuova Lotus 98T-Renault si trasforma in un missile in prova, cicala folle, creatura destinata a prosperare per minuti salvo poi restare intirizzita nell'inverno della gara.

Ayrton ne è lo splendido interprete, ma le vittorie restano episodi sporadici: due. A Jerez in un un volatone indimenticabile, bruciando la Williams di Mansell e a Detroit, su un tortuoso e massacrante tracciato cittadino di cui Senna si rivela maestro.

Ancora un quarto posto a fine anno e la sensazione che di questo passo la situazione non cambierà mai.

Bisogna introdurre delle variabili decisive, altrimenti il binomio Senna-Lotus servirà solo a mangiare pole e ad arrichire il conto in banca del paulista, i cui ingaggi ormai sono nell'ordine dei milioni di dollari, tre per la precisione, con tanto di casa a Montecarlo e jet privato.

In pista, per vincere, di carne al fuoco ne viene messa tanta. Forse troppa. Arriva il motore ufficiale Honda V6, il migliore della F.1, in coabitazione con la Williams. I giap portano in dote il loro pilota feticcio, l'inoffensivo Satoru Nakajima. Non finisce qui. La Lotus, già all'avanguardia coi correttori d'assetto, gioca decisa la carta delle sospensioni attive e diventa una bestia intelligente ma strana. Di fatto, il sistema complica e rende più fragile il pacchetto tecnico 99T, risultando decisivo solo sui cunicolari e sconnessi tracciati cittadini. Ayrton ne approfitta per chiudere il conto con Montecarlo, datato 1984, e stravincere. Il brasiliano si ripete nel Gp successivo a Detroit, tracciato dalla morfologia simile a quello del Principato, poi, sino a fine

1985-1987 **A top team at last: the Lotus years**

sophical challenge was to see who was fastest in qualifying, using soft tyres, light cars and turbo boost for a knife-edge challenge. Ayrton had world championship hopes, but he was happy to become the pole position predator and scored seven that year. And before season's end it was time to race at Spa again, Senna's favourite circuit – and it rained on race day. The opposition had no escape and he won his second world championship Grand Prix. There was a monumental argument in the Kyalami pits at the last race of the season and it marked the end of relations between Senna and De Angelis, who left Lotus and slammed the door on his way out. Meanwhile, a fourth place finale by Ayrton wasn't bad, but his target was much more ambitious. In the meantime, the Brazilian had grown up press-wise and he moved around the paddock like he was racing in the rain. As well as learning how to handle the press, he honed and fed his image among race fans and even had his own column in the Italian weekly Autosprint, for whom he also did a series of interesting Group B "monster" rally car tests.

The 1986 season began with similar hopes, but the finale was the same as the previous year. The team took on Viscount Johnny Dumfries, a British nobleman, an honest racing driver and nothing more, because King Ayrton didn't want problems in his own backyard.

The new Lotus 98T-Renault transformed itself into a missile during testing, a crazy cicada, destined to prosper for min-

utes, except that it was numb in the winter of racing. Ayrton was its splendid interpreter, but victories were occasional episodes, sporadic: two of them. At Jerez in an unforgettable sprint beating Nigel Mansell's Williams, and in Detroit on a tortuous, gruelling city circuit on which Senna turned out to be the maestro.

Another fourth place at the end of the year – and the sensation that, at this rate, the situation would never change.

He had to introduce some decisive variables, otherwise the Senna-Lotus names would only be able to gobble up pole positions and swell his bank account, because now his salary could be counted in millions of dollars. Three million, as it happens, with a home in Monte Carlo and a private jet.

Everything was set up for him to win on the track, perhaps too many of things. To begin with the works Honda V6, the best in F1, powered the Williamses. The Japanese brought their own driver with them, the inoffensive Satoru Nakajima. Lotus, already avant garde with its set-up correctors, played its decisive card and brought out active suspension; the car became an intelligent beast, but a strange one. The system complicated matters and made the technical package that was the 99T more fragile. It was only decisive on narrow, uneven city circuits. Ayrton took advantage of the situation to finish what he had started with Toleman and convincingly won the 1984 Monaco Grand Prix. And he won again in Detroit, a similar track to

1985-1987 Finalmente in un team di vertice: gli anni Lotus

stagione, solo piazzamenti, nell'anno del beffardo dominio delle Williams che hanno lo stesso motore della Lotus, ma con la Honda sempre più stufa di entrambe e pronta ad abbracciare la McLaren.

A fine anno, solo una pole all'attivo, a Imola, e in classifica generale arriva il terzo posto, dietro i *boys* della Williams, Piquet e Mansell.

Per Ayrton è il momento di cambiare e l'unica strada realisticamente percorribile per poter puntare al titolo è accettare le offerte di Ron Dennis e dare vita a un dream team McLaren a motore Honda accanto a quello che al momento sembra il pilota più forte, blasonato e politicamente abile degli Anni Ottanta: il francese Alain Prost.

La squadra ha già gestito senza problemi la coabitazione tra lo stesso Prost e Lauda e Dennis resta certo che due top driver possano fornire stimoli in più. Tutto vero. Almeno all'inizio.

Nel frattempo è profondamente cambiata la percezione che i colleghi hanno di Senna. Di quel momento Michele Alboreto mi confidò anni dopo a pranzo: «Senna a fine 1987 era il più forte. Un talento naturale e nello stesso tempo un uomo quasi maniacalmente concentrato al raggiungimento del suo unico scopo: vincere, in pista e il titolo. Sembrava un treno, capace di travolgere chiunque si presentasse sulla sua strada. La verità è che il suo rispetto

dovevi conquistartelo in pista e non servivano le parole, i dialoghi, il *savoir-faire* a migliorare la situazione. Quando correva in Lotus non aveva pietà per nessuno, in pista ti creava problemi pur senza causare pericoli veri. A Montecarlo 1985, in qualifica, mi arrabbiai moltissimo perché lui, finito il giro buono, restava sul tracciato procedendo piano e col solo scopo di ostacolare gli avversari. La situazione degenerò a Hockenheim 1987, nel Gp di Germania, quando con me, mentre mi era davanti, mostrò il vizietto di dare una pompatina al freno in pieno rettilineo, facendomi rizzare i capelli ben oltre i 300 all'ora. In Austria, pochi giorni dopo, l'avevo dietro e piantai una frenatina carogna facendogli spiaccicare il muso della sua Lotus contro il retrotreno della mia Ferrari. Da allora non ruppe più le scatole in pista. Cominciò a essere correttissimo e gentile fuori. Con lui funzionava così».

Lo stesso discorso che nel 2005 mi fece Nigel Mansell: «Io ad Ayrton, dopo una collisione di gara, l'avevo già attaccato al muro del suo box, a Spa 1987, ma lui niente. Non temeva intimidazioni verbali o fisiche. Per lui il mondo reale era la corsa, le cose gli andavano spiegate solo lì. Quando a Barcellona 1991 gli tirai la staccata più lunga della storia della F.1, in rettilineo, tra mille scintille, per un attimo mi guardò e capì che non avrei mollato, a costo di farci male. Da lì in poi ebbi il suo rispetto».

1985-1987 A top team at last: the Lotus years

Monte Carlo, after which there were just placings for the rest of the season. The year was dominated by Williams, which had the same engine as Lotus, but Honda was becoming increasingly fed up with them both and was ready to take on McLaren.

At the end of the year, Senna only had the Imola pole and third place in the championship behind the Williams boys, Piquet and Mansell to show for his efforts.

Changing teams was the only road Ayrton could take, and it was realistic to aim for the title and accept Ron Dennis's offer to bring to life the Honda-powered McLaren dream team, with the man who seemed the best, most successful and politically astute driver of the '80s, Alain Prost.

The team had already managed the cohabitation of Prost and Lauda without significant problems, and Dennis seemed certain that two top drivers could generate even more stimulus. All true, at least in the beginning.

In the meantime, the perception Senna's colleagues had of him had changed profoundly. Of that moment, Michele Alboreto confided to me years later at lunch, "At the end of '87, Senna was the best. A natural talent, but at the same time a man almost fanatically concentrated on achieving his one and only objective: winning races and the title. He seemed like a train, able to mow down anyone who got in his way. The truth is you had to win his respect on the track; words, dialogue, savoir-faire didn't help improve the situation. When he was at Lotus,

he had no mercy for anyone. On the track he created problems but without causing real danger. Qualifying at Monte Carlo in '85, I really got annoyed with him because when he had finished his fast lap he stayed on the racing line going slowly with the sole objective of obstructing his adversaries. The situation went from bad to worse at the '87 GP of Germany at Hockenheim. When he was in front of me on the straight he pumped the brakes making my hair stand on end at over 300 kph. A few days later in Austria, I had him behind me and I really braked hard, making him smash the nose of his Lotus against the rear end of my Ferrari. From that moment on, he didn't come it again. He started to be really correct and pleasant both on and off the track. That's how it was with him".

Nigel Mansell told me the same thing in 2005. "After a collision, I went for Ayrton on the wall of his pits at Spa in 1987 but him, nothing. He wasn't afraid of either verbal or physical intimidation. To him the real world was racing, which is really where things got explained. On the straight at Barcelona in 1991, I outdistanced him in a big way amid a thousand sparks and he looked at me for a moment and he knew I would never have let it go, not even if I injured myself. I had his respect from that moment on".

STAGIONE
1985
SEASON

■ Ayrton Senna diventa l'Uomo Nero e passa alla Lotus a motore Renault. Sorridente, sopra a sinistra, quanto determinato, in alto. Per lui è l'occasione della vita: finalmente potrà dimostrare di essere un vincente, con la sua guida che si esalta sul bagnato e sui tracciati cittadini come a Monaco (nella pagina di apertura). E ad accoglierlo nella gloriosa squadra britannica c'è Peter Warr, a sinistra, che dimostrerà di credere profondamente in lui, tanto da mettere in secondo piano l'altro pilota Elio De Angelis.

■ Ayrton Senna became a man in black when he moved to the Renault-powered Lotus. Above, left: smiling as much as he is determined. Above: it was the chance of a lifetime for him: he could finally show he was a winner, with a driving style that was so effective in the wet and on city circuits like Monaco (opening page). And to welcome him to the glorious British team, there was Peter Warr (left) who would show he believed profoundly in Senna, so much so that he put the Brazilian above teammate Elio De Angelis.

■ Il gran giorno per Ayrton Senna arriva nel bagnatissimo Gp del Portogallo 1985, il 21 aprile, sul circuito di Estoril. Approfittando di un meteo da tregenda, il brasiliano saluta la compagnia e se ne va in fuga, fino alla bandiera a scacchi, ottenendo la sua prima, storica vittoria in una gara iridata.

■ The great day arrived for Ayrton Senna in a rain soaked Grand Prix of Portugal on 21 April 1985 on the Estoril circuit. Taking advantage of chaotic weather conditions, he waved at his teammate and was gone. He took the chequered flag to score his first historic victory in an F1 world title race.

■ La corsa successiva è il Gp di San Marino sul tracciato di Imola e stavolta il destino s'inverte. A vincere è il compagno di squadra De Angelis, mentre il brasiliano è costretto al ritiro, privo di carburante, in un'annata contrassegnata dalla famigerata "formula consumo". Sopra, Ayrton nelle prime fasi della gara, davanti al compagno Elio, alla Ferrari di Alboreto e alla McLaren di Prost. Più a destra, in alto, eccolo ai box del Gp di Montecarlo, quindi in azione sulle strade del Principato dove sarà costretto al ritiro col motore kappaò dopo aver segnato la pole e infine, sotto, è al Gp di Francia, prima di un nuovo ritiro.

■ The subsequent event was the Grand Prix of San Marino at Imola, but this time destiny was turned upside down. Senna's teammate, Elio De Angelis, won the race while the Brazilian retired having run out of fuel in a year marked by the notorious "Formula Consumption". Above: Ayrton in the early stages of the race ahead of De Angelis, Michele Alboreto's Ferrari and Prost's McLaren. Further to the right, above: here he is in the pits at the Monaco Grand Prix; in action on the roads of the Principality, where he would be forced to retire with a broken engine after having taken pole position and, lastly, at the Grand Prix of France before having to retire again.

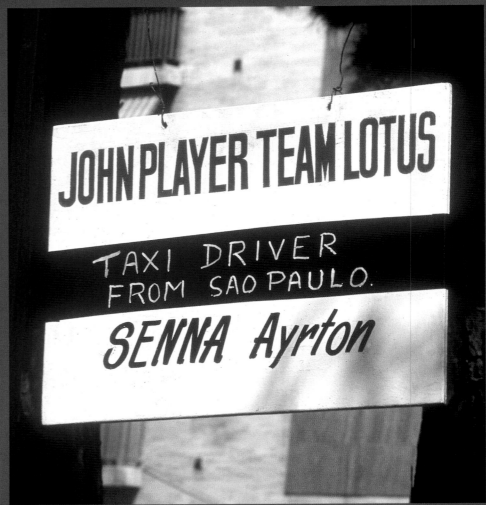

JOHN PLAYER TEAM LOTUS

TAXI DRIVER FROM SAO PAULO.

SENNA Ayrton

■ Il 1985 è un anno di alti e bassi, per Ayrton. Nella pagina a fianco, in senso orario, eccolo ritirarsi al Gp di Gran Bretagna, quindi indicato scherzosamente dal box Lotus come tassista di San Paolo, seduto nell'abitacolo della sua Lotus, nella pit-lane del Gp di Germania, e davanti al *team-mate* De Angelis in occasione del Gp d'Austria. Infine, sopra, Ayrton insegue Niki Lauda su McLaren-Tag-Porsche al Gp d'Olanda a Zanvoort, nel giorno dell'ultima vittoria del campione austriaco in F.1. Una gara che Senna concluderà al terzo posto.

■ The 1985 season was one of highs and lows for Ayrton. Opposite, clockwise: retiring from the GP of Great Britain, then jokingly indicated from the Lotus pits as the San Paolo taxi driver; sitting in the cockpit of his Lotus; in the pit lane of the Grand Prix of Germany and in front of his teammate De Angelis at the Austrian GP. Lastly, above: Ayrton tailing Niki Lauda in the McLaren-TAG-Porsche in the Grand Prix of Holland at Zandvoort on the day of the Austrian champion's last F1 win. A race in which Senna would take third place.

■ Ayrton Senna ha sempre avuto un rapporto speciale col pubblico italiano. Eccolo salutare i tifosi nel weekend del Gp d'Italia a Monza, gara che lo vede giungere buon terzo, dopo aver eccitato gli animi nel corso delle qualificazioni, facendo segnare una strepitosa pole position.

■ Ayrton Senna always had a special relationship with the Italian public. Here, he is greeting the fans at Monza during the country's Grand Prix weekend, a race in which he took a good third place after electrifying the spectators during qualification to take a fantastic pole position.

■ Il Gp d'Europa sul tracciato inglese di Brands Hatch è un gran giorno per le Williams, con Mansell e Rosberg che si dimostrano pericolosi sin dal via, sopra, e col "Leone" britannico che andrà a cogliere la prima vittoria della sua fortunata carriera. A fianco, ecco Senna in azione, in una corsa che lo vedrà terminare al secondo posto, dopo aver fatto segnare la pole position. Nella pagina a fianco, il Paulista sul podio, prima di assaggiare il meritato Moët & Chandon.

■ The Grand Prix of Europe on the British Brands Hatch circuit was a great day for the Nigel Mansell and Keke Rosberg Williamses, which showed just how dangerous they were right from the start. Above: and with the British "Lion", who took the first victory of his fortunate career. Opposite: Senna in action in a race in which he came second after taking the pole. Opposite page: the man from San Paolo on the podium before tasting the much deserved Moët & Chandon.

DAILY MAIL
00 BOTTLES OF CHAMPAGNE
FASTEST LAP

STAGIONE
1986
SEASON

■ Il 1986 parte con Ayrton Senna al volante di una Lotus 98T che nell'aspetto appare ancor più aggressiva della consorella, pur mantenendo il turbo 6 cilindri Renault. La vera novità è che ora il brasiliano è il leader indiscusso della squadra inglese, avendo per compagno di squadra il valido, ma agonisticamente per lui inoffensivo, Johnny Dumfries, nobile scozzese. Le speranze sono concrete, le aspettative tante e il sorriso, a destra, decisamente beneaugurante.

■ The 1986 season began with Ayrton at the wheel of a Lotus 98T, which looked a lot more aggressive than its sister car, powered by a 6-cylinder Renault turbo engine. The real new ingredient was the fact that Ayrton was now the unchallenged leader of the British team. His teammate was the valid but competitively inoffensive Johnny Dumfries, a Scottish nobleman. Hopes were high, the expectations many and the smile (right) decidedly well-wishing.

■ La stagione 1986 non comincia male per Senna, con un secondo posto al Gp del Brasile, in alto, battuto dall'acerrimo rivale Nelson Piquet. Al centro, la rottura di un cuscinetto lo costringe al ritiro a Imola, nel Gp di San Marino, dopo aver ottenuto la pole, mentre al Gp di Montecarlo, sopra, lo attende un buon terzo posto. A destra, Ayrton ai box nel weekend del Gp di Detroit, dove otterrà una fantastica vittoria, su un tracciato cittadino del quale si dimostra stupendo interprete, partendo anche davanti a tutti dopo aver fatto segnare il miglior tempo in prova.

The 1986 season didn't begin badly for Senna, with a second in the Grand Prix of Brazil (above), beaten by his fierce rival Nelson Piquet. Centre: a broken bearing forced Ayrton's retirement at Imola in the GP of San Marino after having taken pole position; meanwhile, at the Monaco Grand Prix (above) a fine third place awaits him. Left: Senna in the pits during the Detroit GP weekend, where he scored a fantastic victory on a city circuit on which he showed he was a stupendous performer, starting in front of everyone else after recording the fastest time in qualifying.

La parte centrale e nevralgica del 1986 si mostra non prodiga di soddisfazioni. In alto, al Gp di Francia, Ayrton si ritira per una scivolata sull'olio; in Gran Bretagna, al centro, è costretto a un altro abbandono per problemi al cambio. Sotto, sempre preciso e meticoloso, al limite del "maniacale" nella messa a punto della propria monoposto, nella corsia box, Ayrton è intento a controllare qualcosa nell'abitacolo della sua Lotus 98T.

The nail-biting middle part of 1986 didn't exactly lavish success on him. Above: Ayrton retired from the Grand Prix of France after skidding on oil; in Britain (centre) he was forced to drop out again, this time with a gearbox problem. Below: always precise and meticulous, almost to the point of obsession, in setting up his car, Ayrton is in the pits intent on checking an aspect of his Lotus 98T cockpit.

PREMIO DE MEXICO 198

■ Nel progredire dell'annata, la Lotus mostra la sua vera anima. Validissima in prova, sul giro secco, in gara è spesso vittima di problemi di affidabilità. Nella pagina a fianco, Ayrton è impegnato nel Gp d'Austria dove si ritirerà per problemi al motore. A fianco, eccolo ai box del Gp d'Italia a Monza, gara che lo vedrà ancora costretto al ritiro, già alla partenza, per un guasto alla trasmissione. Un pizzico di gloria lo attende sul podio del Gp del Messico, sopra, da terzo classificato dietro alla McLaren di Prost e al vincitore Berger, al volante della sorprendente Benetton-B186-Bmw.

■ As the year progressed, the Lotus showed its true colours. Highly competitive in single lap qualifying, it was often unreliable during races. Opposite: Ayrton in the Grand Prix of Austria, in which he retired with engine woes. Here he is in the pits during the GP of Italy at Monza, a race from which he also retired with transmission trouble already at the start. A flash of glory awaited him at the Grand Prix of Mexico (above) in which he came third behind Prost's McLaren and winner Gerhard Berger driving the surprising Benetton B186-BMW.

STAGIONE
1987
SEASON

■ Nel 1987 l'Uomo Nero diventa Giallo (nella pagina di apertura), e non solo in ossequio allo sponsor Camel, che sostituisce la Jps. No, la faccenda si pone in termini diversi e ben più interessanti, perché Ayrton Senna intreccia un rapporto saldo e fecondo coi giapponesi della Honda, nuovi fornitori del motore turbo destinato alla Lotus 99T, al posto della rinunciataria Renault. Quello con la Casa nipponica si rivelerà un sodalizio lungo, solido e fortunato, che spalancherà ben presto al brasiliano le porte della McLaren, ma questa è un'altra storia. Il nuovo corso Lotus-Honda si apre con un "Beco" volitivo, in alto a sinistra, e pieno di ottimismo, sopra. E col casco in testa, a lato, si dimostrerà il solito velocissimo combattente.

■ In 1987, the man in black became the man in yellow (opening page) and not just to please sponsor Camel, which replaced JPS. No, the matter was set in different terms and was much more interesting, because Ayrton Senna formed a solid and fruitful relationship with Honda, the Lotus 99T's new turbo engine suppliers who had replaced Renault. It was a long and successful association with the Japanese firm, which would soon open the door to McLaren for the Brazilian, but that's another story. The new Lotus-Honda phase opened up with "Beco" strong-willed (above, left) and full of optimism. And with his helmet on, he showed he was the usual fast combatant.

■ Ayrton Senna coltiva un sogno più speciale degli altri: vincere il Gp del Brasile davanti al suo pubblico. Eppure, anche nel 1987, la sorte non lo aiuta, visto che rompe il motore e a Rio è costretto al ritiro. Gli va meglio al Gp di San Marino a Imola, dove, dopo aver stabilito ancora una volta una perentoria pole position, in gara si accontenta del secondo posto dietro la dominatrice Williams-Honda di Nigel Mansell. Nella pagina a fianco, eccolo, in alto, davanti alla Ferrari di Michele Alboreto e, a destra, in un'immagine che lo vede idealmente sfrecciare verso il podio.

■ Ayrton Senna cultivated a dream that was even more special than the others. It was to win the Grand Prix of Brazil in front of his home crowd. Yet he didn't achieve it in 1987 either, because his engine broke and he had to retire. Things went better for him in the GP of San Marino at Imola. He took a peremptory pole position and settled for second place behind dominator Nigel Mansell in the Williams-Honda. Opposite, above: ahead of Michele Alboreto's Ferrari and, right, in a picture that sees him fly towards the podium.

■ La nuova Lotus, dotata del complicato ma evolutissimo sistema di sospensioni attive, si rivela una delusione sui tracciati veloci, ma su quelli tormentati è un'arma in più. Ayrton se ne accorge in occasione del Gp di Montecarlo, quando vince alla grande, facendo segnare anche il giro più veloce della corsa. È la sua prima vittoria stagionale, a testimonianza di una monoposto quasi imbattibile ma solo sui toboga cittadini.

■ The new Lotus, with its complicated but much evolved active suspension system, turned out to be a disappointment on fast tracks, but in city circuits it had the edge. Ayrton soon found that out during the Grand Prix of Monaco, which he won convincingly and recorded the fastest lap. It was his first win of the season, and one that confirmed the car's city circuit specialty.

Tra Senna e Montecarlo c'è un rapporto speciale. In fondo è su questo tracciato che il brasiliano si è rivelato nel 1984 con la Toleman. La sua passerella trionfale del 1987, sopra e a destra, ne è l'ulteriore testimonianza. La presenza, a fine gara, sul palco d'onore, delle Altezze Reali, a sinistra, è il doveroso tributo alla classe di un campione sopraffino e ancora in divenire.

There was a special relationship between Senna and Monte Carlo. Of course, it was on that circuit that Ayrton first made his name in F1 in 1984 with the Toleman. His triumphal parade in 1987 (above and right) is further confirmation of that. After the race, he took his place in the royal box (left). The dutiful tribute to a champion in the making.

■ La bella notizia che viene dal Gp di Gran Bretagna è che Ayrton Senna su Lotus, in alto, a fine gara, è buon terzo. Quella brutta, invece, è che le Williams dominatrici con Mansell e Piquet lo hanno staccato di un giro. La situazione per lui migliora in occasione del Gp d'Italia a Monza: a destra, eccolo davanti ai box, con la Lotus priva di carrozzeria; otterrà un buon secondo posto dietro la Williams del vincitore Piquet. Sopra, fin dagli inizi, il tifo monzese ha un occhio di riguardo per Ayrton e in quel "tempio di Fede ferrarista" la bandiera del Brasile schierata accanto a quella del Cavallino, davvero non stona. Nella pagina a fianco, "Beco" all'attacco nel Gp del Messico, dove si ritirerà per una digressione causata dal malfunzionamento della frizione.

■ The good news from the Grand Prix of Great Britain was that Ayrton Senna in a Lotus, above, had come a good third by the end of the race. But the bad news was that the Mansell and Piquet Williamses dominated the GP and had lapped him. The Brazilian's situation improved at the Italian Grand Prix at Monza: right, where he is in front of the pits, his Lotus with no bodywork; he took a good second behind winner Piquet's Williams. Above: The Monza fans always looked kindly on Ayrton and in that "Ferrari period of loyalty" the Brazilian flag flying next to that of the Prancing Horse didn't upset anyone. Opposite: "Beco" on the attack in the GP of Mexico, where he retired with clutch problems.

1988
Campione del mondo

Nello scenario che si prefigura all'alba del 1988, se fosse possibile impastare con la creta un uomo giovane che incarna la stessa mentalità di Honda e McLaren, verrebbe fuori la maquette di uno che esiste già. È brasiliano e si chiama Ayrton Senna da Silva.

A inizio stagione, a disturbarlo, sono voci sulla sua presunta e mai provata bisessualità, alimentate dal più feroce rivale, il connazionale Nelson Piquet, roba finita in tribunale. Ma per fermare Ayrton ci vuole altro.

Ha una concezione della vita profondamente spiritualizzata, ma la estrinseca in un solo modo: andando più veloce degli altri. Coniugando stilisticamente quello che fino a un millisecondo prima della sua apparizione in F.1 sembrava inconiugabile: l'aggressività di guida alla pulizia assoluta, che l'asfalto sia asciutto o bagnato non importa. A lui non frega niente.

La terrificante Honda sposa con contratto pluriennale che sa di matrimonio la devastante McLaren. Entrambe sono accompagnate all'altare dalla coppia di piloti più forte – se non più bella, perché il naso di Prost abbassa la media –, mai vista in lizza nella F.1 moderna: Ayrton Senna e Alain Prost medesimo.

E il francese completa stupendamente la combinazione, visto che possiede cervello, senso tattico sopraffino, capacità politica demoniaca e un'energia mentale che gli permette d'individuare le debolezze degli avversari e di polverizzarle col suo pensiero laser.

Con Senna ha in comune una sola cosa: la gestione mediatica del potere. Quando parla uno dei due, ti vien voglia di dargli ragione. Dopo che hanno parlato entrambi, il primo anno e mezzo leccandosi e dopo spellandosi vivi – i primi segnali di rottura sono al Gp del Portogallo –, capisci che non ha ragione più nessuno, ma che pirandellianamente la realtà così è se vi pare.

Ma non è questo il punto. La faccenda si pone in termini diversi, perché il poker McLaren-Honda-Senna-Prost diventa in pochissimo tempo il più annichilente, dittatoriale e imprendibile nella storia moderna della F.1. La tetrarchia più *power express* mai vista dai tempi di Diocleziano e dell'Impero d'Oriente.

La Mp4/4 progettata da Gordon Murray in collaborazione con Steve Nichols – che funge anche da fidatissimo ingegnere di pista di Ayrton –, unita ai riprogettati motori Honda V6 turbo a corsa corta, ha un potenziale devastante. Nell'ultimo step della formula consumo, con la capacità dei

1988
World Champion

If it had been possible to sculpt a young man who embodied the mentality of Honda and McLaren at the start of 1988, it would have been a mock-up of one who already existed. He would be Brazilian and his name would be Ayrton Senna da Silva. Disturbing him at the start of the season were rumours about his presumed but never proved bi-sexuality, fed by his most ferocious rival Nelson Piquet, all of which ended up in court. They needed something else to stop Ayrton.

He was a concentration of profoundly spiritual life, but he expressed it in just one way, by going faster than the others. Married in his way to that which, until a millisecond before his first appearance in Formula 1, seemed unmarriable: driving aggressiveness wedded to absolute cleanliness, and it didn't matter whether the asphalt was wet or dry. He didn't give a damn.

The terrifying Honda married McLaren with a multi-year contract that was devastating. They were accompanied to the altar by the two best drivers ever seen in Formula 1: Ayrton Senna and Alain Prost – even if not the most handsome, because the Frenchman's nose lowered the average.

Alain completed the combination stupendously, given that he had brains, a masterful tactical sense, a demonic political ability and mental energy that enabled him to single out his opponents' weaknesses and pulverise them with his laser-like mind.

He only had one thing in common with Senna: his power of media management. When one of them spoke, his listeners wanted to say he was right. After both of them had spoken, the first 18 months being civil to each other and afterwards trying to skin each other alive – the first sign of a breakdown at the Grand Prix of Portugal – one understood that neither was right. Shades of Pirandello it may have been, but that was the reality.

That's not the point, though. The matter came up in various forms, because McLaren-Honda-Senna-Prost poker became annihilation in a very short space of time, the most dictatorial and unpredictable in the history of Modern Formula 1. One that emanated more power than had ever been seen since Diocletian times and the Eastern Empire.

The MP4/4 was designed by Gordon Murray in collaboration with Steve Nicholls, who was also Ayrton's loyal track engineer. It was united with the redesigned short stroke Honda V6 turbo engine, which had a devastating potential. In a final move in the fuel consumption formula, with tank capacities reduced from 190 to 150 litres, and the turbo pop-off valve cutting in at 2.5 instead of 4 bar: the new McLaren was the state of the art.

For those who saw all the 1988 Grands Prix, their recollections

1988 Campione del mondo

serbatoi portata da 190 a 150 litri e la valvola pop-off di sovralimentazione tarata a 2,5 bar piuttosto che a 4, la nuova McLaren rappresenta lo stato dell'arte.

Per chi era abbastanza giovane da vedere tutti i Gp della stagione 1988, il ricordo appare contrastante tra sensazioni opposte: esaltarsi per la rivalità interna tra Senna o Prost o deprimersi per la narcolessia della sfida mancata tra le McLaren e le monoposto avversarie.

Nada lotta, non ce n'è. I pacchetti di Marlboro più veloci dell'universo al via sgasano e fanno ciao ciao. Poi se uno dei due piloti ha una sfiga, vince l'altro, se si fanno errori da punti in meno sulla patente come Senna, in gara, al Portier di Montecarlo –, nello svarione più madornale della carriera, dopo aver mostrato sorci verdi *to everybody* in qualifica – allora trionfa Prost, sennò di solito sale in cattedra Senna. Dopo un avvio sfortunato, in Brasile, a Rio, quando viene squalificato per aver usato in gara la vettura di riserva mentre per regolamento non poteva più farlo, Ayrton ingrana bene, trionfando nei Gp di San Marino, Canada, Detroit, Inghilterra, Germania, Ungheria e Belgio. Prost replica ghermendo la coppa più bella in Brasile, Monaco, Messico, Francia, Portogallo e Spagna.

Nelle telecronache Rai Anni Ottanta "l'immenso" Mario Poltronieri prova eroicamente a vivacizzare quel che si vede, anche se pare tanto d'assistere a una processione laica nella quale le McLaren-Honda sono le icone sacrali e il resto del corteo vien dopo, composto da Case gloriose che in confronto hanno il passo del parroco, della confraternita e dei caramba in alta uniforme.

Parliamoci chiaro: se non ci fosse stata l'incomprensione tra Senna e il doppiando Jean-Louis Schlesser alla chicane di Monza, contatto che consegna la vittoria in parata alle Ferrari di Berger e Alboreto a pochi giorni dalla morte del Drake, la stagione 1988 vivrebbe nel monopolio bulgaro della McLaren-Honda.

In questo monomarca il weekend decisivo – per un complicato gioco di scarti – ha luogo in Giappone, a Suzuka, non a caso la Disneyland della Honda.

Poche storie, se Senna vince, è iridato. Domenica 30 ottobre 1988, il giorno che Senna ha atteso da una vita. Il via è a pista bagnata. Buon segno. I motori ruggiscono, ma quello di Ayrton miagola. Dalla pole, scivola tristemente in 14esima piazza. Festa apparentemente rovinata. Ora ci vogliono testa e palle per rimediare. E Ayrton Senna le ha. Nella prima tornata divora sei avversari, pur avendo perso dieci secondi quasi tombali dal rivale. No problem, "Magic" comincia la caccia disperata. Davanti c'è gente coriacea, ma lui mangia tutti. Al 28° giro, infine, infila Prost. Il resto è passerella trionfale.

A 28 anni Ayrton va a vincere la gara e a 28 anni diventa Campione del mondo.

1988 **World Champion**

seem to be in conflict with opposing sensations: exaltation for the internal rivalry between Senna and Prost or depression due to the absent challenge between McLaren and the opposition.

No battles, there just weren't any. The fastest Marlboro cigarette packets of the '80s revved up and simply said goodbye. Then, if one of the drivers had a problem, the other would win; if they made a mistake meaning reduced points on the licence, like Senna racing at Monte Carlo – in the most enormous blunder of his career, having shown them all he was a hard man to match in qualifying – so it was Prost who triumphed, if not it was usually Senna who pontificated.

After an unfortunate start in Brazil, when Ayrton was disqualified for having used the reserve car in the race when the regulations didn't allow him to do so, he got into gear and won the Grands Prix of San Marino, Canada, Detroit, Britain, Germany, Hungary and Belgium. Prost came back and grabbed the winner's trophy in Brazil, Monaco, Mexico, France, Portugal and Spain. In the Italian TV coverage of the '80s, the great commentator Mario Poltronieri tried heroically to liven up what he saw. Even if it seemed he was really watching a mundane procession in which the McLaren-Hondas were sacred icons and the rest of the parade came afterwards, made up of glorious teams which, by comparison, had the pace of a priest, of brotherhood and police in dress uniform.

Let's be clear about this: if there had not been incomprehen-sion between Senna and the lapped Jean-Louis Schlesser at the Monza chicane, contact that gave the victory to the Ferraris of Gerhard Berger and Michele Alboreto a few days before the Commendatore's death, the 1988 season would have been a McLaren-Honda monopoly.

In this single-marque season, the decisive weekend – due to a complicated game of discarding points – was at Suzuka in Japan, no coincidence that it is Honda's Disneyland.

And no messing about, either. Senna won and became world champion. Sunday 30 October 1988: the day Ayrton had waited for all his life. The race started on a wet track. Good sign. The engines roared, but Senna's meowed. From pole he slipped sadly back to 14th. The party, evidently, was over. Now he needed his head and balls to make amends. And Ayrton Senna had both. On the first lap he devoured six adversaries, having lost 10 seconds – almost the kiss of death. No problem. "Magic" started his desperate hunt. Up front were tough guys, but he ate them all. He finally took Prost on the 28th lap. The rest was a triumphal parade.

At 28 years old, Ayrton had won the race – and become the Formula 1 World Championship.

STAGIONE
1988
SEASON

■ Stavolta si fa sul serio: nel 1988 il titolo mondiale non è un'aspirazione ideale ma un vero e proprio target concretissimo. L'arma, nella pagina di apertura, è la terrificante McLaren Mp4/4 che ha nel progettista suda-fricano Gordon Murray il principale artefice e nel turbo Honda il propulsore ideale. Il vero problema ha invece il nome e il volto del nuovo compagno di squadra: Alain Prost, in alto a sinistra. Al di là dei brindisi iniziali, dei sorrisi e delle serene foto di rito, il rapporto tra i due, benché intenso, a fianco, non sarà mai facile. Senna non potrà che vivere l'esperienza con un mood pensoso, sopra, ma determinatissimo a mostrare di che pasta è fatto. Ci riuscirà.

■ This time he meant it: in 1988, the world title was not just an aspiration but a real possibility. The reason is on the opening page – the terrifying McLaren MP4/4, of which Gordon Murray was the principal artifice, and the Honda turbo the ideal engine. The real problem was his new teammate Alain Prost, above left. Apart from the initial toast, smiles and the ritual team photographs, relations between the two were intense and never easy. Senna could do nothing but live the experience in a thoughtful mood, above, but still extremely determined to show what he was made of. And he did!

Alla McLaren Mp4/4-Honda Ayrton si adatta perfettamente, riuscendo a esprimere il meglio di sé, a sinistra e in basso, nella pagina a fianco. Emblematico, sotto, il podio del Gp di San Marino a Imola, gara che il brasiliano domina, riuscendo a battere il compagno di squadra Prost e il connazionale Piquet. A Monaco, sotto, la vittoria gli sfugge solo per il madornale errore che lo vede fuori al Portier, in una corsa che sembrava sua. Si rifarà vincendo in Canada, a destra: a Montreal gli torna il sorriso, in una stagione per lui fondamentale e maturante.

Ayrton adapted himself perfectly to the McLaren MP4/4-Honda, able to express the best of himself (opposite, left and below) The podium at the GP of San Marino at Imola (centre) was symbolic, a race the Brazilian dominated and was able to beat his teammate Prost as well as his fellow countryman Piquet. At Monaco (below) victory slipped through his fingers due to a huge mistake as a result of which he went off at Portier in a race that seemed like it was his. But he won in Canada (right): at Montreal his smile was back in a season that was fundamental and maturing for him.

■ Quando si corre a Detroit, i rivali sanno che contro Ayrton Senna c'è poco da fare. Va così anche nel 1988, sopra a sinistra: il brasiliano, sul podio, quando pensa a come ha corso non può che togliersi il cappello... Di felicità ne ha meno al Gp di Francia, che vede il trionfo del compagno di squadra Prost. Per Senna un buon secondo posto davanti al ferrarista Alboreto. Sul podio c'è anche il Presidente della Federazione Internazionale Jean-Marie Balestre, "demoprostiano" di ferro. A sinistra, "Beco" in azione nel Gp di Gran Bretagna a Silverstone, teatro di un'altra sua vittoria.

■ When they raced at Detroit, Senna's rivals knew there wasn't much they could do. And that's how it was in 1988 (above, left): the Brazilian on the podium and when he thinks of how he raced there's nothing left to do but take his cap off. He was less happy at the French GP, won by his teammate Prost. For Ayrton there was second place ahead of Ferrari's Alboreto. On the podium, note the presence of president of the Federation Internationale Jean-Marie Balestre, a firm Prost fan. Left: "Beco" in action in the GP of Great Britain at Silverstone, scene of another victory.

■ In Ungheria, sul podio, a festeggiare da primo, è ancora Ayrton, davanti a Prost e Boutsen, così come, più sotto, in Belgio. In Italia Senna domina, qui è alla prima staccata, ma poi s'aggancia col doppiato Schlesser, regalando il trionfo al ferrarista Berger. Non importa, nel 1988 in primo piano, in basso, c'è sempre lui. A destra, eccolo sul podio del Gp del Giappone a Suzuka, ormai iridato ai danni di Prost, alle prese con la puntuale bottiglia di Moët, versatogli da Thierry Boutsen che ha chiuso la corsa sul terzo gradino del podio.

■ Ayrton is on the podium again in Hungary to celebrate a victory, with Prost second and Boutsen third, as was the case shown further below in Belgium. Senna dominated in Italy, and here he is at the chicane, but then he clipped the lapped Schlesser, making a gift of victory to Gerhard Berger. It didn't matter, in 1988 (a close-up, below) he's always there. Right: here he is on the podium of the GP of Japan at Suzuka, having taken the world championship from Prost and doing the necessary with a bottle of Moët poured over him by Thierry Boutsen, who came third.

L'impressionante schieramento di uomini e mezzi in una foto di "rito" scattata nel weekend del Gran Premio di Spagna a Jerez da l'esatta dimensione e portata del dominio assoluto messo in mostra dal team McLaren nella stagione 1988 con il binomio Senna-Prost capace di assicurarsi tutte le vittorie (tranne che nel Gp d'Italia) e tutte le pole position.

The impressive grid of men and machines in a "ritual" photo, taken during the Grand Prix of Spain weekend at Jerez, gives the exact dimensions and level of absolute domination brandished by the McLaren team during the 1988 season, with Senna and Prost winning every race – except the Italian Grand Prix – and pole position.

Per Ayrton Senna il rapporto col settimanale *Autosprint* resta speciale, per tutta la sua carriera in Formula 1. Eccolo, a fine 1988, nella tradizionale manifestazione dei Caschi d'Oro, a sinistra, chiamato sul palco quale ospite d'onore e, sotto, in compagnia dell'amico Gerhard Berger, alfiere della Ferrari. A destra, nella foto grande, "Beco", per l'occasione in un inconsueto doppiopetto, mostra con orgoglio il Casco Iridato vinto nella serata di gala di *Autosprint*, al termine di un'annata per lui semplicemente memorabile.

Ayrton Senna's relationship with the Italian motor sport weekly Autosprint was special throughout his Formula 1 career. Here he is at the end of 1988 at the traditional Golden Helmets event. Left: invited onstage as the guest of honour and, below, together with his friend Gerhard Berger, standard bearer of Ferrari. Right: in the large photo, "Beco", wearing an unlikely double breasted suit for the occasion, shows his Golden Helmet World Championship trophy won at the Autosprint gala evening at the end of a year that was simply memorable to him.

1989-1990
Due anni di fuoco

Pensi al 1989 ed è come tornare a casa. Non importa quanti anni hai, un quarto di secolo fa eri un altro. Bambino, ragazzo o che, cosa importa? Torni indietro chiudendo gli occhi a quella F.1 e ti riscopri uguale, con la nostalgia che anestetizza rughe e certezze sfumate, facendo esplodere ricordi. Senna, Prost, Mansell, Piquet in pista, momentaneamente eterni. E McLaren contro Ferrari, sfidanti infinitamente momentanee.

È la F.1 post turbo, del ritorno all'aspirato esclusivo da 3500 cc, quella della Grande Restaurazione voluta tre anni prima da Enzo Ferrari, conscio che con lo strapotere di Tag-Porsche prima e Honda poi, i suoi motori non avrebbero avuto più chance. E allora basta orge di cavalli vapore, alchimie di consumi e economy run, torniamo agli atmosferici.

Al centro ci sono loro. Senna, Prost, McLaren e Honda. I giapponesi, volendo, potrebbero buttare in pista un 12 cilindri già mezzo pronto, ma preferiscono puntare sul più consistente 10 a 72°, roba da 650 CV a 12.500 giri, mentre la Ferrari, a parità di regime, sviluppa 620 CV circa. E quella tra la Rossa e la McLaren è solo una semifinale, perché la sfida vera e al calor bianco è interna alla squadra di Dennis, con la guerra tra Ayrton e Alain che sta per divampare. Tattica, strategica e senza più dichiarazioni buoniste, labbra morse e frasacce trattenute. Sarà lotta e basta. Pura, dura, disumana. Senza prigionieri. E stavolta chi perde, perde posto e faccia.

La restaurazione aspirata esplode il 26 marzo 1989 a Rio de Janeiro, tracciato di Jacarepaguà, dove la famigerata e inaffidabile Ferrari barnardesca, con Cesare Fiorio neoarrivato al timone, infila la gara della vita con Mansell e va a vincere tra due ali di folla osannante ma ancora incazzata per quella toccata al via che ha strappato il musetto della McLaren a Senna, privandolo ancora una volta della gioia della prima vittoria in terra natia. Prost, secondo, macina punti buoni.

Tempo di sbarcare in Europa a Imola e alla prima frenata" l'accordo violato di desistenza tra Senna e Prost fa scoppiare il conflitto nucleare tra i due, ormai oltre che politico, pure dialettico e agonistico. Vince il brasiliano sul francese, ma la frittata in seno al team è fatta. A Monaco Senna sbollisce la rabbia dell'anno prima per l'uscita al Portier, battendo di nuovo Prost e concedendo il bis a Città del Messico.

Già al Gp di Phoenix, il 4 di giugno, Ayrton inizia a capire che forse non è il suo anno. A fermarlo è l'accensione: malauguratamente per lui trionfa proprio Prost. I due viaggiano già col doppio dei punti sul terzo che è Patrese.

1989-1990
Two years of fire

Think of 1989 and it's like returning home. It doesn't matter how many years have passed. A quarter of a century ago, you were someone else. Child, youth or whatever. It's not important. Look back by closing your eyes to the more recent Formula 1 with the nostalgia that smoothes out wrinkles, and certainties that vanished into thin air, so that your memories explode into life. Senna, Prost, Mansell, Piquet are on track, momentarily eternal. And McLaren is up against Ferrari, infinite momentary challengers.

It's the post-turbo F1, with the return of the exclusive 3500 cc aspirated engine, the one of the Great Restoration wanted three years earlier by Enzo Ferrari, fully aware that his power units would no longer have a chance against the mighty, powerful TAG-Porsche first, and Honda later. So that ended an orgy of vaporised horsepower, alchemy of consumption and economy runs, by returning to atmospherics.

At the centre of it all were Senna-Prost-McLaren-Honda. If they had wanted to, the Japanese could have fielded their 12-cylinder, which was half ready, but they preferred to go for a 72° V10 that put out 650 hp at 12,500 rpm. At the same number of revs,

Ferrari's unit developed about 620 hp. The battle between Ferrari and McLaren was just a semi-final, because the real challenge was in Ron Dennis' team and it was white hot: it was the war between Ayrton and Alain, which was about to flare up. Tactics and strategy without so much as a pleasant word, bitten lips and disagreements kept back. It would be a fight. Nothing else. Pure, hard, inhuman. And no prisoners. This time, whoever lost would lose his job and a lot of face.

The return of the aspirated engines exploded onto the F1 scene on 26 March 1989 in Rio de Janeiro at the Jacarepaguà circuit, with the notoriously unreliable John Barnard Ferraris. They were under new boss Cesare Fiorio and Nigel Mansell won the race of a lifetime in one, between the cheering but still pissed-off crowds for that 'coming together' at the start; it cost Senna's McLaren its nose, depriving him of the joy of winning at home yet again. Prost was second to score some useful points.

The Circus arrived in Europe and made for Imola. At the Italian circuit's first braking point the shaky truce between Senna and Prost was immediately broken, and that blew up into a nuclear conflict between the two, by this time as well as politics, dialogue and competitive niceties. The Brazilian beat the Frenchman, although the goose was cooked inside the team. At Monaco, Senna's rage of the previous year due to his exit at Portier simmered menacingly as he beat Prost again, and he repeated the process in Mexico City.

1989-1990 **Due anni di fuoco**

Boutsen su Williams-Renault vince in Canada e Prost ristabilisce la legge della McLaren-Honda in Francia a Le Castellet, dove Senna è subito fuori con la trasmissione kappaò. Al brasiliano non va meglio a Silverstone, perché esce di strada e Alain ritrionfa, staccandolo nella generale di 20 punti, laddove il sistema d'assegnazione resta il 9-6-4-3-2-1. Ayrton è sotto pressione. Attinge alla fede, affonda le mani nella forza mentale, afferma addirittura di avere visioni mistiche e a Hockenheim risorge, sbancando il Gp di Germania.

In Ungheria Mansell e la Ferrari scrivono una pagina da mito, fino a umiliare lo stesso Senna, per una volta indeciso nel doppiaggio della Onyx di Johansson. Ayrton si rifà in Belgio, ma a Monza la fiammata con cui si gioca il motore in Parabolica è un segno raggelante. Vince ancora Prost, stavolta davanti a Berger.

A Estoril la riscossa Ferrari con Berger su Prost, ma a infiammare gli animi c'è Mansell che non vede – o finge di non vedere – una bandiera nera, salvo poi franare addosso al povero Ayrton, rovinandogli ancor più il Mondiale. Il Paulista si rifà in Spagna, con Prost buon terzo, e staccato di 16 punti si gioca il tutto per tutto a Suzuka, nel Gp del Giappone. E qui la storia si tinge d'epica. La fuga iniziale di Prost è da antologia. Il francese guida meravigliosamente e nel confronto secco non ha più nulla del "Cauteloso",

il nomignolo spregiativo affibbiatogli dai fans brasiliani di Senna, a stigmatizzare la sua capacità di non forzare il limite, specie se piove. No, stavolta il francese ci mette l'anima, ma Senna rimonta implacabile e gli appare sugli specchietti. Poi il fattaccio. Quella toccata in frenata nella doppia piega lenta con Ayrton che riparte e taglia il tracciato, mentre Alain resta fermo.

Pare vinca Senna e invece no. Il taglio è sanzionato con l'esclusione della classifica che dà gloria alla Benetton di Nannini. Bella fregatura per "Magic". Secondo lui è la politica complottarda, impersonata dal Presidente della FIA Balestre, ritenuto nemico e alleato, oltre che connazionale, di Prost. Il Mondiale finisce qui, col trionfo del francese che posa, solo, nella foto ricordo col team. Il bagnatissimo ma non più indicativo Gp d'Australia vedrà Boutsen vincere con la Williams, mentre Senna è già fuori al 14° giro, in un'annata stregata.

Il 1990 è semplice da raccontare e complesso da capire. Prost si rende conto che in McLaren è finito e passa alla concorrenza, la Ferrari. La stagione ridiventa un infinito duello, coi tracciati che sembrano ring popolati da troppa gente, quando in fondo quelli che contano e si picchiano davvero sono solo due: Ayrton e Alain.

Ma prima che la grande sfida cominci in pista, l'inverno 1989-1990 si rivela torturante per Senna, su cui spara a

1989-1990 **Ttwo years of fire**

Ayrton had an inkling that maybe this wasn't his year at the Phoenix Grand Prix on 4 June. What stopped him was his car's ignition, so Prost triumphed. The two had already amassed double the championship points of the third placed Riccardo Patrese. Thierry Boutsen won Canada in a Williams-Renault and Prost dictated the McLaren-Honda law again at Le Castellet, France, where Senna went out immediately with transmission trouble. The Brazilian didn't do much better at Silverstone, because he went off and Prost won again to move 20 points ahead of him in a championship, in which the points system went 9-6-4-3-2-1. Ayrton was under pressure. He withdrew into his faith, dug deep into his metal reserves, confirmed he even had had mystic visions and revived himself at Hockenheim to win the German Grand Prix.

In Hungary, Mansell and Ferrari wrote a legendary page in the sport's history, going as far as humiliating Senna, who for once was undecided about lapping an Onyx. Ayrton came back again to win Belgium, but at Monza a flame-out cost him his engine at the Parabolica and that was a sobering sign. Prost won again, this time ahead of Berger.

Ferrari counter attacked at Estoril with Berger beating Prost, but it was Mansell who enflamed the spectators' souls as he didn't see – or pretended he didn't see – a black flag and crashed into poor Ayrton to further ruin the Brazilian's world championship. The man from San Paulo came back yet again in Spain with Prost a good third, and at 16 points down he put everything into the Grand Prix of Japan at Suzuka. And here, the story is tinged with poetry. The initial break-away by Prost was classic. The Frenchman drove marvellously and in stark contrast there was nothing "Cautious" – a derogatory nickname he was saddled with by Senna's Brazilian fans – to belittle his ability not to push the limit, especially when it was raining. This time, the Frenchman put his heart and soul into it, but Senna climbed implacably back up through the field and appeared in Prost's mirrors. Then, the wicked deed. They hit each other's cars under braking in the slow double turn and the two flew off the track. Ayrton re-started again and took a short cut, but Alain stayed where he was.

It seemed like Senna had won, but no. The short cut was ruled illegal and he was excluded from the results, which gave Benetton and Alessandro Nannini the glory. A let-down for Magic. He believed it was a political plot by FIA president Jean-Marie Balestre, considered the enemy as well as Prost's ally and countryman. The world championship ended there and then with the triumph of Alain, who would only pose for the team photograph. The wet Grand Prix of Australia didn't count any more, but Boutsen won it in the Williams, while Senna went out on the 14th lap in a jinxed year.

The tale of the 1990 season is a simple one to tell, but complex to understand. Prost realised he was finished at McLaren and moved to Ferrari. The season became an infinite duel, with tracks that seemed to be rings populated by too many others, when really

1989-1990 **Due anni di fuoco**

palle incatenate la Federazione, nella persona dell'ineffabile presidentissimo Jean-Marie Balestre, francese e demoprostiano di ferro.

Per i fatti di Suzuka e le successive dichiarazioni furibonde e deluse di Ayrton, le sanzioni paiono draconiane e tombali: non meno di 100.000 dollari di multa e il ritiro della superlicenza, con tanto di ultimatum per inviare una lettera di scuse. Che arriverà, dopo mesi di calvario, in due versioni, in realtà scritta e firmata dalla McLaren di Ron Dennis, non certo dal brasiliano, ferito e orgoglioso come non mai. L'11 marzo si ricomincia a far ruggire i motori e Ayrton, col nuovo Honda V10, sbanca Phoenix. Due settimane dopo si va a Interlagos, a San Paolo, a casa di Senna, che si fa coinvolgere in una collisione con Nakajima: i sogni del primo trionfo brasiliano sfumano ancora una volta e, quel che è peggio, vincono Prost e la Ferrari. Guai a un cerchio rovinano il Gp di San Marino a "Magic", che poi si rifà alla grande, dominando a Montecarlo e in Canada.

A inizio estate la gran risposta di Prost che infilza tutti in Messico, Francia e Gran Bretagna. Pronta la replica di Senna, che svetta in Germania.

Un secondo posto in Ungheria è il prologo per il Paulista di un nuovo trionfo in Belgio a Spa, sulla pista prediletta, seguito da un'altra gioia a Monza, nel Gp d'Italia. I due acerrimi rivali finiscono a podio in Portogallo, Senna 2° e

Prost 3°, col francese che ghermendo il Gp di Spagna riapre i giochi per il titolo.

Il 21 ottobre 1990 Ayrton e Alain si sfidano a Suzuka, in una gara e un tracciato che, per la terza volta consecutiva, potrebbero rivelarsi decisivi, a casa e sotto gli occhi di Soichiro Honda. Se il francese non fa punti, il brasiliano torna iridato.

Senna pianta una pole da antologia, ma è ansioso e ansiogeno perché non vuole partire dal lato destro, considerandolo meno favorevole. Niente da fare, le sue richieste d'esercitare un diritto d'opzione vengono rifiutate al briefing. Inferocito, il brasiliano se ne va, entrando più tardi nell'abitacolo con gli occhi fissi e spietati di chi sa già cosa fare. Pronti-via, Prost lo beffa e scatta in testa. All'approccio della prima curva, Senna, spietato, lo centra e lo butta fuori gara autoeliminandosi. Relitto e castigo.

1989-1990 Ttwo years of fire

those who counted were just two drivers out to really bash each other, Ayrton and Alain.

But before the great challenge began on the track, the winter of 1989-1990 was torture for Senna, who took a great deal of incoming fire from the incomparable, autocratic president of the Federation Jean-Marie Balestre, Frenchman and an unswerving Prost man.

For the Suzuka drama, subsequent furious declarations and Ayrton's disappointment, the sanctions seemed Draconian and grave: a massive $100,000 fine and the withdrawal of his superlicence, complete with a demand for a letter of apology. The letter arrived after months of hand wringing, but in two versions. In reality, it was written and signed by Ron Dennis' McLaren and certainly not by the Brazilian, who was more wounded and proud than ever. On 11 March the engines howled into life again and Ayrton, now with a new Honda V10, cleaned up in Phoenix. Two weeks later, the Circus headed for his home town of San Paolo and the Interlagos circuit – where he became involved in a collision with Nakajima: the dream of that first victory in his own country went up in smoke again. What was even worse was Prost winning in a Ferrari. Trouble with a rim ruined Magic's San Marino Grand Prix, but he came back big time with victories in Monaco and Canada. The summer began with a tremendous response from Prost, who beat them all in Mexico, France and Britain. But Senna was ready with a stern reply and flew in Germany, humiliating his French rival in a knives-drawn duel in which he forced Alain to make a mis-

take. Second place in Hungary leading up to a new triumph for the Brazilian at Spa on his favourite circuit, followed by another in the GP of Italy. The two bitter rivals ended up on the podium in Portugal, Senna second and Prost third, with the Frenchman snatching the Spanish Grand Prix to reopen the battle for the world title.

On 21 October 1990, Ayrton and Alain faced up to each other at Suzuka in a race and on a track that would be decisive for the third consecutive year, at the home of and watched by Soichiro Honda. If the Frenchman scored no points, the Brazilian would become world champion again.

Senna took pole with decision, but he was anxious and manifested it because he didn't want to start the race from the right side of the circuit; he felt it was less favourable. But that's where he had to stay, as his request for the right to decide on which side of the track he would start was turned down at the drivers' briefing. Infuriated, Ayrton walked out and stepped into his cockpit later with the fixed, merciless stare of someone who really had something to do. Then they were away, Prost mocked him and shot off into the lead. On the approach to the first corner, a ruthless Senna slammed into Alain, threw him off the track and out of the race and also eliminated himself. Wreckage and punishment.

Ayrton, who had intentionally taken his revenge, was world champion again. And the war between him and Prost continued.

STAGIONE
1989
SEASON

Il 1989 è l'anno del ritorno al motore aspirato e Ayrton lo vive nell'abitacolo della McLaren Mp4/5, nella pagina di apertura, dotata di propulsore Honda V10. Sarà una stagione intensissima e per lui densa di delusioni, trabocchetti e ansie. Nei rari momenti di relax e stacco, troverà comunque motivi per godersi la vita: in basso eccolo con la showgirl brasiliana Xuxa. Eppure, il duello infinito con Prost, lo vedrà pensoso come non mai, a destra, e spesso avvolto da una concentrazione quasi mistica, più in basso.

The 1989 season saw the return to normally aspirated engines and Ayrton lived it in the cockpit of the McLaren MP4/5 as in the opening page, the car powered by a Honda V10. It would be an extremely intense year, one packed with disappointments, pitfalls and anxieties for him. In his rare moments of relaxation and switching off, he found reasons to enjoy life: below, he is with the Brazilian showgirl Xuxa. Yet the infinite duel with Prost saw him more thoughtful than ever (right) and often enwrapped in almost mystic concentration (bottom).

■ Il Gp di San Marino sul circuito di Imola, segna il punto di non ritorno nella sfida con Prost. Le reciproche accuse d'aver violato un presunto patto di non aggressione al via fanno scoppiare la guerra tra i due, non più fredda ma nucleare. A inizio conflitto, Ayrton spopola, vincendo sulle rive del Santerno e dominando il rivale, a destra, nell'altra pagina, anche a Montecarlo, riscattandosi del fattaccio dell'anno prima al Portier. Per il Paulista è una gioia liberatoria, che sfoga, in basso, appena uscito dall'abitacolo.

■ The GP of San Marino at Imola was the point of no return in the challenge with Prost. The reciprocal accusations of having violated a presumed pact of non aggression at the start caused war to break out between the two of them, one that was no longer cold but nuclear. At the beginning of the conflict, Ayrton had the upper hand by winning and dominating his rival on the banks of the River Saturno at Imola (right). On the other page, also at Monte Carlo, taking revenge for the mistake of the previous year at Portier. For the man from San Paolo it was a liberating joy, to which he gave way (below) as soon as he got out of the cockpit.

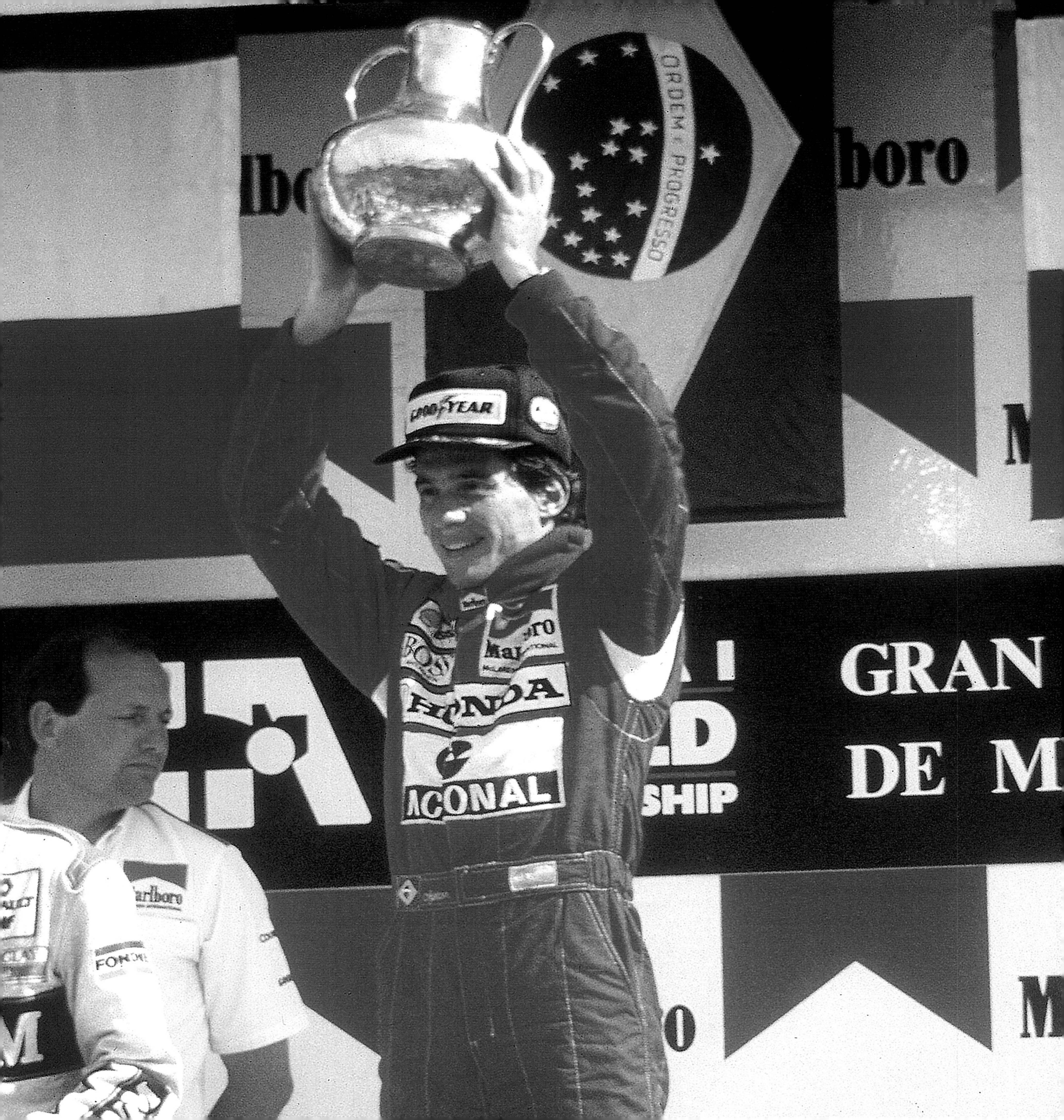
ORDEM E PROGRESSO
GOODYEAR
HONDA
GRAN
DE M
SHIP
Marlboro

■ L'annata, nella sua interpretazione agonistica, è semplice da capire e difficilissima da vivere. Proprio come la stagione precedente, s'anima col duello diretto tra Senna e Prost. La tattica migliore per entrambi sembra quella di vincere il più possibile, senza esitazioni. Al brasiliano, che è quello che rischia di più, il colpo riesce anche al Gp del Messico, nella pagina a fianco, e il suo entusiasmo sul podio tradisce anche un briciolo di commozione. Le cose, tuttavia, gli vanno male, molto male, al Gp di Francia, sopra, nell'immagine in cui insegue la Ferrari di Mansell: al Ricard Ayrton resta fermo subito dopo il via, per problemi alla trasmissione, mentre l'avversario Prost va a vincere davanti al "Leone" della Rossa. Il riscatto per "Beco" avviene al Gp di Germania, a destra, con un perentorio successo davanti ai soliti Prost e Mansell.

■ In his competitive interpretation, the year was simple to understand but difficult to live. Just like the previous season, it was enlivened by the eyeball to eyeball duel between Senna and Prost. The best tactics from both men made it seem each was out to win as much as possible without hesitation. The Brazilian, the one who risked the most, was also successful in the GP of Mexico (opposite) and his enthusiasm on the podium also betrays a slight feeling of emotion. Regardless, things went badly for him, very badly in the Grand Prix of France (above) in which he's following Mansell's Ferrari at Ricard. Ayrton stopped immediately after the start due to a transmission problem, while his adversary Prost went on to win ahead of Mansell. "Beco" took revenge in the German Grand Prix (right) with a peremptory win from the usual Prost and Mansell.

In Ungheria la F.1 vive un giorno da leggenda con la rimonta antologica e vincente di Mansell che riporta al successo la Ferrari di John Barnard, beffando Senna nel corso di un doppiaggio della Onyx di Johansson. Nella pagina a fianco, ecco Senna nell'abitaco-lo della McLaren, in un momento di quiete a Hockenheim. A Monza, sotto, la Honda festeggia le sue cinquanta vittorie in F.1 (risultato conseguito a Spa-Francorchamps, la gara precedente), ma il motore ad Ayrton regala una gran brutta sorpresa in gara, rompendosi e costringendolo al ritiro, dopo che aveva fatto segnare la pole, in basso. La lotta con Prost continua e "Beco" fa centro al Gp di Spagna, a destra, troneggiando sul podio al fianco del corrucciato francese. Dopo il fattaccio di Suzuka, con la toccata alla variante, il taglio di percorso e la squalifica che consegna l'iride ad Alain, il brasiliano chiude l'annata con un ritiro al Gp d'Australia. L'immagine, in basso a destra, lo ritrae in prova, dove ottiene la pole.

In Hungary, F1 witnessed a legendary day with the anthological recovery and vic-tory of Mansell, who drove John Barnard's Ferrari to a scintillating success, defeating Senna while lapping Stefan Johansson's Onyx. Opposite: Ayrton in the cockpit of his McLaren in a quiet moment at Hockenheim. Below, Honda celebrated its 50th victory in F1 at Monza, a result it achieved at the previous Belgian GP, but Senna's engine gave him a nasty surprise when it broke and meant he had to retire after he had taken the pole (below). The battle with Prost continued, and "Beco" hit the target in Spain (right) on the top step of the podium next to the peeved Frenchman. After the Suzuka aggression with the coming together at the chicane, short-cutting the track and the disqualification that presented Prost with the world title, the Brazilian closed the year with a retirement from the GP of Australia. The picture taken below, right, shows him qualifying and winning the pole.

99

STAGIONE

1990

SEASON

■ Il 1990 vede Ayrton leader indiscusso della McLaren-Honda, con Prost giubilato e passato alla temibilissima Ferrari. Per il brasiliano aumentano le responsabilità e il suo sguardo, sopra, dall'abitacolo e, a destra, in un momento di relax, tradisce chiaramente il peso quasi insopportabile della pressione. Ma lui saprà rispondere come sempre alla grande, tra l'altro portando la McLaren Mp4/5B al successo nel Gp del Belgio, nella pagina di apertura.

■ The 1990 season saw Ayrton as the unchallenged leader of McLaren-Honda, with Prost pensioned off and then moving on to the terrifying Ferrari. Responsibility increased for Senna and his look (above) from the cockpit and (right) in a moment of relaxation shows him clearly letting the almost unbearable pressure take its toll. But he knew how to respond, as always in great fashion, among other things taking the McLaren MP4/5B to success in the Grand Prix of Belgium, as shown on the opening page.

■ Sono mesi terribili per Senna. A impensierirlo non è solo la sfida in pista con la Ferrari di Prost, ma pure gli strascichi della terribile polemica che nell'inverno precedente l'ha visto contrapposto al Presidente della Federazione Internazionale Jean-Marie Balestre. Una lotta dal duplice volto, agonistico e politico, rombante e strisciante, che nell'espressione del brasiliano lascia il segno dell'inquietudine, anche se poi, sopra e in alto, una volta calzato il casco, saprà tornare a essere il campionissimo volitivo e aggressivo di sempre.

■ They were terrible months for Senna. He was not only concerned about the challenge on the track against Prost's Ferrari, but also the drawn-out, deep controversy during the previous winter, when he was opposed by FIA president Jean-Marie Balestre. A two-faced battle, competitively and politically, thundering and long-lasting, that left its mark in the expression of disquiet in the Brazilian, even if (above) once he donned his helmet he knew how to return to being a great, strong-willed champion, aggressive as always.

■ Il 1990 è un anno che vede il brasiliano sfoderare una maturità nuova, evoluta e tetragona. Lo si vede sopra in un momento di relax in pit-lane e quindi a colloquio con un ex che stima molto: Niki Lauda. Ayrton resta un pignolo perfezionista: a destra, eccolo controllare per l'ennesima volta il posto di guida, a testimonianza di una dedizione assoluta all'ottimizzazione delle sue capacità, nello sforzo di tornare a essere iridato.

■ The 1990 season was one that saw the Brazilian brandish a new maturity, evolved and steadfast. It can be seen above in a moment of relaxation in the pit lane and chatting with a person he much respected, Niki Lauda. Ayrton remained a dedicated perfectionist: right, he is checking his driving position yet again, testimony to his absolute dedication to optimising his ability in his effort to regain the world title.

Senna non vuole concedere sconti a nessuno e lo spiega fin da subito, su uno dei suoi palcoscenici preferiti, nello scenario cittadino del Gp Usa a Phoenix. In Arizona, sopra, Ayrton strappa un'importante vittoria d'inizio stagione riuscendo ad avere la meglio sulla sorprendente Tyrrell dell'irriducibile Jean Alesi. A sinistra, il podio della gara, con "Beco" in compagnia del siculo-avignonese e del terzo classificato, Boutsen su Williams-Renault. Peccato solo che il Gp del Brasile a Interlagos, a destra, gli regali l'ennesima disillusione: una collisione con l'innocuo Nakajima lo toglie dalla lotta per la vittoria, relegandolo a un quasi inutile terzo posto, con la sensazione insopportabile addosso di veder trionfare a casa sua proprio Alain Prost al volante della Ferrari...

Senna wouldn't concede an inch and that's immediately illustrated on one of his preferred stages on the city circuit of Phoenix in the GPUSA. In Arizona (above) Ayrton was able to take an important victory at the start of the season, getting the better of the surprising Tyrrell driven by the unshakable Jean Alesi. Left: the race podium, with "Beco" in company with the man from Avignon and third placed Williams-Renault's Thierry Boutsen. Unfortunately it was the GP of Brazil at Interlagos (right) that gave him his umpteenth disappointment – a collision with the innocuous Nakajima took him out of the run to victory, giving him an almost useless third place with the insupportable success of Alain Prost in the Ferrari at Senna's home circuit.

■ Ogni volta che torna a Imola, in occasione del Gp di San Marino, Ayrton Senna delizia i tifosi italiani con una fantastica pole, da quel maledetto pomeriggio del sabato dell'edizione 1984, quando non riuscì a qualificare la sua Toleman, complice una vertenza tra il team e la Pirelli. È così pure stavolta, nella pagina a fianco in basso, anche se poi la gara lo vedrà fuori, causa un problema a una ruota. Nessuna paura: subito dopo si torna a correre a Montecarlo, sopra, e anche stavolta "Beco" va in fuga fin dalla partenza, a sinistra. Ad attenderlo a fine corsa, sotto, c'è la meritatissima coppa destinata al vincitore.

■ Every time he returned to Imola for the Grand Prix of San Marino, Ayrton Senna delighted the Italian fans by taking a fantastic pole position, except during that unfortunate Saturday in 1984, when he was unable to qualify the Toleman due to an argument between the team and Pirelli. So this time, too, (opposite, below) he went out with a wheel problem. Never mind, immediately afterwards he was back racing at Monte Carlo (above) and this time "Beco" sprinted away from the start (left). At the end of the race there would be the well-deserved winner's trophy.

■ La sfida con Prost, preannunciata appassionante, lo è per davvero e vive fasi alterne. Il via bagnato del Gp del Canada, a sinistra, è il terreno ideale per il brasiliano, che alla fine porterà a casa un'altra vittoria, a fianco, che lo farà gioire sul podio. In Francia, invece, proprio nella patria di Alain, le cose cambiano e "O'Cauteloso", come i tifosi della torcida chiamano beffardamente l'alfiere della Ferrari, torna al successo (regalando quel giorno alla Casa del Cavallino la vittoria iridata n. 100 in F.1): in basso lo vediamo sul podio assieme al sorprendente Ivan Capelli, pilota della Leyton House che avrebbe meritato il trionfo se non fosse stato per un problema tecnico nel finale, e un perplesso Senna, terzo.

■ The looming challenge with Prost really was gripping and went through alternate stages. The start of a wet Grand Prix of Canada (left) was ideal for the Brazilian, who won, opposite, and that delighted him on the podium. But in France in Alain's country, things changed. "The Cautious One", as the twisted fans jokingly called the Ferrari standard bearer, was successful again and gave Maranello its 100th victory in Formula 1: below, we see him on the podium together with the surprising Ivan Capelli, the Leyton House driver who could have won, had it not been for a technical problem in the finale; third was a perplexed Senna.

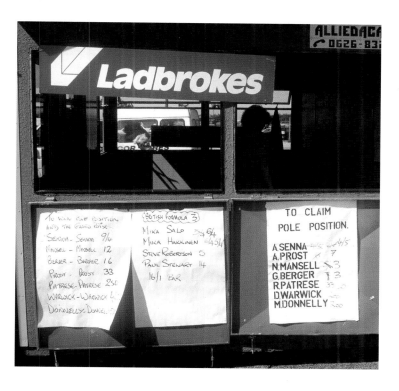

■ Gli appunti dei bookmakers, a sinistra, poco dicono sulla inattesa realtà del Gp di Gran Bretagna, che dopo una partenza beneaugurante, a destra, vede Senna protagonista di una digressione alla Copse, che lo relega a un deludente terzo posto finale, nel giorno del terzo trionfo consecutivo di Alain Prost su Ferrari, dominatore in Messico, Francia e Inghilterra. È un segnale ben chiaro per la McLaren e "Beco", sotto: la lotta sarà durissima, sino alla fine.

■ The notes dei bookmakers (left) say little about the anxiously awaited British Grand Prix where, after a good start (right) Senna makes a detour at Copse after which he takes a disappointing third place on the day of Alain Prost's third consecutive win in the Ferrari, he having dominated in Mexico, France and now Britain. It was a clear signal to McLaren and "Beco" (below) confirming the battle would be extremely tough right to the end.

Ancora una volta a Hockenheim, proprio come l'anno prima, Senna, nella pagina a fianco, sopra, trova la forza di rispondere a Prost, andando a vincere senza indugi il Gp di Germania. Subito dopo in Ungheria, in basso a sinistra, si deve accontentare di un comunque prezioso secondo posto dietro la Williams-Renault di Boutsen. A Spa, il suo tracciato preferito, Senna ottiene la pole e parte al fianco del compagno di squadra Berger: eccoli appaiati affrontare subito dopo il via il tornantino della Source: alla fine sarà Ayrton a vincere. L'immensità della pista belga sembra la dimensione giusta per contenere lo straripante talento del campionissimo brasiliano, a fianco, che poi sul podio, in basso, pur esausto, si gode un meritatissimo momento di relax prima dei festeggiamenti per l'impresa condotta in porto. A destra, si riconosce il Presidente della FIA Jean-Marie Balestre.

Just like the previous year, once again at Hockenheim Senna (opposite, above) found the strength to respond to Prost and went on to win without problems in the GP of Germany. Immediately afterwards in Hungary (below, left) he had to be happy with a still useful second place behind Thierry Boutsen's Williams-Renault. At Spa, Ayrton's preferred track, he took pole and started next to his teammate Berger; here they are together immediately after the start, ready to take on the Le Source hairpin; in the end, Senna won. The immensity of the Belgian circuit seems the right dimensions to contain that bursting talent of the great Brazilian champion, who was exhausted as he took to the podium (below) to enjoy a much deserved moment of relaxation before the celebrations to mark his success. Right: president of the FIA, Jean-Marie Balestre.

AYRTON SENNA

Negli ultimi due anni, con la McLaren, Monza ha regalato ad Ayrton solo amarezze. Nel 1988 c'è stata la toccata inopinata col doppiato Schlesser, l'anno dopo il ritiro col motore rotto. Stavolta, però, non ce n'è per nessuno, e Senna corre da par suo, nella pagina a fianco, transitando primo sotto la bandiera a scacchi dopo una gara che riafferma in pieno la sua supremazia: sul podio si rilassa insieme a Prost e al suo compagno di squadra e amico Berger. Le scintille di Mansell su Ferrari al Gp del Portogallo a Estoril, sopra, sono anche simboliche: contro il "Leone" della Ferrari non ci sarà niente da fare e il brasiliano alla fine dovrà accontentarsi di un secondo posto comunque prezioso, perché lo vede battere Prost, terzo. Ed è bello vedere Ayrton e Nigel, a destra, complimentarsi l'un l'altro.

In his last two years with McLaren, Monza gave Ayrton only bitterness. In 1988 there was the unforeseen coming together with the lapped Schlesser, the following year the retirement with a broken engine. But this time, Senna gave no quarter (opposite, above) and was the first to take the chequered flag after a race full of reaffirmation of his supremacy; he relaxed on the podium together with Prost and his teammate and friend, Gerhard Berger. The sparks from Mansell's Ferrari at the Grand Prix of Portugal at Estoril (above) are symbolic: there was nothing Ayrton could do against the Lion of Ferrari and, in the end, he had to accept second place, which was still well worth having because he beat Prost, who came third. And it was great to see Ayrton and Nigel (right) complement each other.

113

■ Il Gp di Spagna, a sinistra, sembra mettersi bene, con un buono scatto al via del brasiliano, seguito all'ennesima pole position. Ma poi un danno al radiatore gli manderà in ebollizione il motore, spianando la strada a Prost – in basso all'inseguimento di "Beco" –, che andrà a vincere, riaprendo i giochi. Per il brasiliano, sotto mentre torna in pista nel momento in cui transitano le Ferrari dopo una sosta ai box, la gara termina con un malinconico ritiro, in basso. Non importa, lo spirito con cui affronta l'epilogo del Mondiale a Suzuka, tre settimane dopo, è quello del vendicatore che vuole rivincere il titolo a tutti i costi. Tanto da speronare alla prima curva la Ferrari di Prost, aggiudicandosi l'iride nel modo più beffardo e discutibile, ma, nelle sue intenzioni, rendendo pariglia al rivale che l'aveva battuto in modo altrettanto opinabile l'anno prima.
Nella pagina a fianco, lo sguardo di Ayrton prima del via decisivo sembra trasmettere perfettamente questa tempesta di sensazioni.

■ The Grand Prix of Spain (left) seemed like it was going well, with a good start by the Brazilian, followed by the umpteenth pole position. But then damage to his radiator made the engine boil, leaving the way clear for Prost – below, following "Beco" – to win and reopen the world championship. For Ayrton, below as he returns to the track after a pit stop as the Ferrari passes, the race ended with a bitter retirement (below). No problem, the spirit with which he faced the epilogue of the world championship at Suzuka three weeks later was as an avenger who wanted to win the title again at all costs. Enough to ram Prost's Ferrari at the first corner to win the Formula 1 World Championship in the most scornful and debatable manner, but with his intention of giving as good as he got to the man who had beaten him in an equally questionable way the previous year. Opposite: the look of Ayrton before the decisive start seemed to transmit perfectly this storm of sensations.

1991
Di nuovo in cima al mondo

Il destino di un pilota che in 22 anni di carriera ufficiale, dal kart alla F.1, fende il pianeta Terra, sembra racchiuso in una striscia d'asfalto di non più di 800 metri. È a Suzuka, in Giappone, in quella porzione che va dalla chicane alla prima curva, passando per il rettifilo principale, che s'annidano le svolte più clamorose nella vicenda agonistica di Senna.

È in quella porzione di nastro che nel 1988 Ayrton prende la bandiera a scacchi che lo laurea per la prima volta iridato, è lì che l'anno dopo resta impigliato nella famigerata collisione con Prost che gli rende amara la vita, è alla prima curva che nel 1990 tampona da cecchino il francese riprendendosi il titolo ed è sempre alla prima piega che nel 1991 Mansell, con una spettacolare digressione fuoripista, consegna di fatto il terzo Mondiale nelle mani del brasiliano.

La grande conferma targata 1991 è un successo meno scontato degli altri, perché è una stagione nella quale il Paulista sa di trovarsi in una situazione di inferiorità tecnica nei confronti del rivale più pericoloso: Nigel Mansell con la Williams Fw14-Renault progettata da Adrian Newey. La sua McLaren Mp4/6 è veloce e consistente, ma sul piano delle prestazioni assolute in gara, in realtà, cede qualcosa all'avversaria. Il punto di forza della McLaren è l'affidabilità quasi intangibile, se per un attimo non pensiamo all'ansiogeno finale del Gp del Brasile. In 16 gare, ben 15 arrivi al traguardo con un solo ritiro, in Canada, per guai al motore. Per il resto la belva di Ayrton è un'arma che non s'inceppa e lui è lo spietato esecutore, incapace di commettere errori o di avere esitazioni. Discorso ben diverso per la Williams, che a inizio Campionato soffre di gravi problemi di gioventù, segnatamente al cambio.

A fare la differenza è anche il confronto tra piloti e squadre in lotta. Il team McLaren di Ron Dennis appare una macchina da guerra se non gioiosa ben oliata e priva di sbavature. La Williams, al contrario, mostra a più riprese lacune e svarioni nella gestione dai box, con l'emblematico episodio della ruota persa da Mansell a Estoril, in Portogallo, quale simbolo delle occasioni perdute. E poi nel mirino c'è anche l'ansia di Mansell e la sua paura, alla soglia dei 40 anni, di non riuscire a vincere il Mondiale. Quella voglia, quell'obbligo di strafare che lo porta alla collisione con Brundle a Imola, a tirare alla disperata in Canada quando ha un vantaggio abissale, salvo restare in panne nel finale, piuttosto

1991
On top of the world – three times

The destiny of a racing driver, who sliced through planet Earth during his 22 year career from kart to Formula 1, seemed to have been wrapped up in a strip of asphalt no more than 800 metres long. It is at the Suzuka circuit in Japan; that section of the track that goes from the chicane along the main straight to First Corner, which harbours the most resounding turning point in Senna's competitive life.

On that section of track in 1988, Ayrton took the chequered flag that confirmed him as the world champion for the first time. And it was there a year later that he was entangled in his notorious collision with Alain Prost, who made his life so bitter. Before that corner in 1990, he hit the Frenchman like a sharp shooter and took back his title. At more or less the self-same spot in 1991, Nigel Mansell provided the Brazilian with his third title by taking a spectacular off track excursion.

The great confirmation of 1991 was less of a foregone conclusion than the others, because it was a season in which the man from San Paolo knew he would be worse off technically than his most dangerous rival, Mansell in the Williams FW14-Renault designed by Adrian Newey. Ayrton's McLaren MP4/6 was fast and consistent, but on the absolute racing performance front it wasn't quite up to it's adversary. The McLaren's strong point was it's almost intangible reliability, if we forget about the anxiety-inducing finale of the Brazilian Grand Prix. It finished 15 out of the season's 16 races, the one retirement in Canada with engine problems. Apart from that, the car was a reliable and Senna was the ruthless executor, incapable of making mistakes or hesitating. It was a whole lot different at Williams, whose car was experiencing serious teething trouble, especially the gearbox.

There was also a difference between the battling drivers and teams. Ron Dennis' McLaren seemed like a mighty war machine, if not joyous one at least well-oiled and drilled. But on a number of occasions Williams showed holes in it's operation and made bad mistakes in pit management that came to a head when Mansell lost a wheel during the Grand Prix of Portugal at Estoril, the symbol of an opportunity lost. Also in Senna's sights was Mansell's anxiety and fear at just under 40 years old of not being able to win the Formula 1 World Championship. That desire, that obligation to overdo things led him into a collision with Martin Brundle at Imola, to struggle desperately in Canada when he was way ahead, to be hit by a breakdown in the finale and going off at Suzuka, all signs of an incredibly gener-

1991 **Di nuovo in cima al mondo**

che all'uscita di strada a Suzuka, tutti segni di un atteggiamento stupendamente generoso ma al momento ancora trafelato. Per lui, però, il riscatto e la maturazione completa sono dietro l'angolo.

Il vero momento clou del 1991 si vive a Interlagos, a San Paolo del Brasile. Dopo che ha già vinto a Phoenix ed è in testa al Mondiale, Ayrton vive il finale di gara più terrificante e adrenalinico della sua vita, quando con la McLaren n. 1 è in testa alla gara di casa, dopo sette partecipazioni frustranti, sfortunate e prive di vittorie, si ritrova il cambio bloccato in sesta, con la Williams inseguitrice di Riccardo Patrese che a ogni tornata recupera implacabilmente terreno.

Sembra la sceneggiatura di un film che vuole far male al cuore. L'eroe dalla cavalcatura ferita sta per essere ripreso e beffato, mentre i giri scorrono, la situazione peggiora e milioni e milioni di brasiliani, dalla TV, dalle tribune, da ovunque stiano seguendo quella trama che neanche uno sceneggiatore di soap opera abile e perfido riuscirebbe a immaginare, incrociano le dita, friggono nell'angoscia.

Ultimo giro. L'esito è incerto. I tempi di Senna si alzano, Patrese si scatena per mangiargli l'anima. Poche curve alla fine e nessuno sa come andrà a finire.

Poi quell'urlo. Anzi, l'Urlo. Il grido liberatorio, l'inno alla vittoria, udito in diretta TV dall'abitacolo di "Magic", un concerto solista di adrenaline e endorfine di un uomo, un pilo-ta, un campione che ce l'ha fatta. Ayrton Senna ha sfatato la maledizione, andando a vincere il Gp del Brasile, in quella sua San Paolo ora in delirio. È vero, conquistare un titolo è tutta un'altra cosa, eppure, se Suzuka è la terra del destino, Interlagos 1991 resterà emozionalmente il punto più alto, epico e intenso nell'iconografia agonistica senniana.

E ci sarà anche chi, come il solito piccante e piccato Piquet, dirà che non v'è poco di reale nell'impresa di Ayrton, che ci sono capacità scenica e creatività narrativa nel suo comportamento, ma la telemetria mostrata dalla McLaren pare confermare che stavolta la leggenda è realtà.

Per il resto, le cifre parlano chiare: 7 vittorie in 16 gare, con una sequenza di quattro centri iniziali, Usa, appunto Brasile, San Marino e Monaco, che lo mettono nella condizione di gestire la sua fuga, con la Williams di Mansell che insegue. In fondo l'annata diventerà una sorta di Gp del Brasile dilatato, ma dal finale decisamente più rilassato ed egualmente trionfale, con altri successi in Ungheria, Belgio e Australia e 8 pole complessive. Il presente e il futuro sorridono a Ayrton. A estate inoltrata, nel weekend di Spa, firma un rinnovo annuale per la McLaren, per 20 milioni di dollari, contro il parere del suo manager Julian Jakobi, che lo vorrebbe in Williams. E Jakobi, col senno di poi, di ragione ne avrebbe da vendere.

1991 On top of the world – three times

ous attitude but at that moment breathless. For him, though, redemption and total maturity were just around the corner.

The real 1991 moment of climax was at the Interlagos circuit south of San Paolo, Brazil. After he had won at Phoenix and was leading the championship, Ayrton lived through the most terrifying and adrenaline-packed finale of his life. McLaren number 1 was in the lead in his hometown race after seven previous frustrating, unlucky attempts at trying to win it. But his gearbox stuck in sixth, with Riccardo Patrese's Williams clawing back ground with each lap.

It seemed like a scene from a sickening film. The hero of the limping charger was about to be overtaken and mocked as the laps slipped by, the situation worsening as millions of Brazilians watched on TV, in the stands and wherever they were following that trauma, their fingers crossed, in deep anxiety. Last lap. The result was still uncertain. Senna was slowing, Patrese charged on ready to eat him alive. A few corners to go and nobody knew how it would finish.

Then that shout. A liberating holler, a hymn to victory heard live on TV from Magic's cockpit, a concert soloist of adrenaline and endorphin of a man, a racing driver, a champion who had made it. Ayrton Senna had disproved the curse and won the Grand Prix of Brazil just down the road from his hometown of San Paolo, which was now delirious. It's true that winning a title really is something else, yet if Suzuka was

destiny, Interlagos in 1991 will remain the emotional highest, most epic and intense point of Senna's career.

And there were to be those who, like Nelson Piquet with his the usual spicy and resentful remarks, would say there isn't much that's real in Ayrton's enterprise, that there are scenic and creative narrative abilities in his behavior, but McLaren's telemetry seemed to confirm that this time legend was reality.

For the rest, the numbers speak for themselves: seven victories in 16 races, the first four consecutive in the USA, Brazil, San Marino and Monaco, which enabled him to manage his flight towards the title with Mansell and the Williams in his wake. In reality, the year became a sort of diluted GP of Brazil, but with a finale that was decidedly more relaxed yet equally triumphant, with other victories in Hungary, Belgium and Australia plus eight pole positions. The present and the future smile at Ayrton. At summer spent, during the weekend at Spa, he signed a renewal of his McLaren contract for 20 million dollars against the advice of his manager, Julian Jakobi, who wanted him to go to Williams. And Jakobi's judgment was later proved to be absolutely right.

STAGIONE
1991
SEASON

■ Il 1991 è un anno di consolidamento per la leggenda di Ayrton Senna. A sfidarlo direttamente in pista non è più il temibile Alain Prost, invischiato in una catastrofica stagione con la Ferrari, che lo vedrà alla fine addirittura licenziato, ma saranno le nuove Williams-Renault di Patrese e Mansell, nella pagina a fianco. Eppure questa nuova rivalità non sarà sufficiente a togliere a Senna lo scettro iridato: la sua determinazione, in alto, resta quella dei giorni migliori: la sua focalizzazione è tutta sulla F.1 anche se l'amico Emerson Fittipaldi, a fianco, lo vorrebbe in F. IndyCar, dove "El Rato" sta vivendo una seconda giovinezza. Ma Ayrton, sopra, indosserà tuta e casco solo per correre nei Gp.

■ The 1991 season was one of consolidation for the Ayrton Senna legend. Direct challenge on the track came from Alain Prost, who was mixed up in a catastrophic season with Ferrari, from which he was eventually fired, but it would also come from the new Williams-Renaults of Riccardo Patrese and Nigel Mansell (opposite). However, this new rivalry would not be enough to take the world championship from Senna: his determination (above) was still that of his best days in the sport. His focus was completely on Formula 1, even if his friend Emerson Fittipaldi wanted him in Formula IndyCar, where "El Rato" was enjoying a second coming. But Ayrton (above) only wore his helmet and driving suit to race in Grands Prix.

■ Il problema della Williams è la troppa gioventù e la poca affidabilità, così Senna qualche bella soddisfazione se la può togliere.
In alto a sinistra, rieccolo far pace con la vittoria a Phoenix, successo seguito da un trionfo leggendario che gli regala una gioia immensa, incontenibile, a Interlagos. Finalmente a casa sua Ayrton Senna, dopo un finale emozionante al volante di una vettura ferita, può sventolare da eroe la bandiera brasiliana nella corsa che sembrava per lui stregata: l'incantesimo negativo è rotto. A sinistra, un'altra festa sul podio da dominatore, con Berger e il sorprendente JJ Lehto. A destra, già che c'è, "Beco" non si fa sfuggire un altro centro a Montecarlo, tracciato nel quale sta sempre più diventando maestro, stavolta al volante della McLaren Mp4/6 dotata del motore V12 Honda, che da inizio stagione ha sostituito il glorioso V10 nipponico.

■ The Williams problem was too many teething troubles and not enough reliability, so Senna was able to make his mark fairly convincingly. Above, left: here is he again winning Phoenix, a success he followed up with a legendary triumph that gave him immense, irrepressible joy at Interlagos. Ayrton had finally won at home after an emotional finale at the wheel of his wounded car. He was able to unfurl the Brazilian flag and fly it after a race that seemed bewitched as far as he was concerned: the negative spell had been broken. Left: another celebration on the podium as the dominator, with Berger and a surprising J. J. Lehto. Right: as he was there "Beco didn't let the GP of Monaco slip from his grasp either, as he was progressively becoming the master of the Monte Carlo city circuit. This time he was at the wheel of a McLaren MP4/6 powered by a Honda V12, which had replaced the glorious Japanese V10 at the beginning of the season.

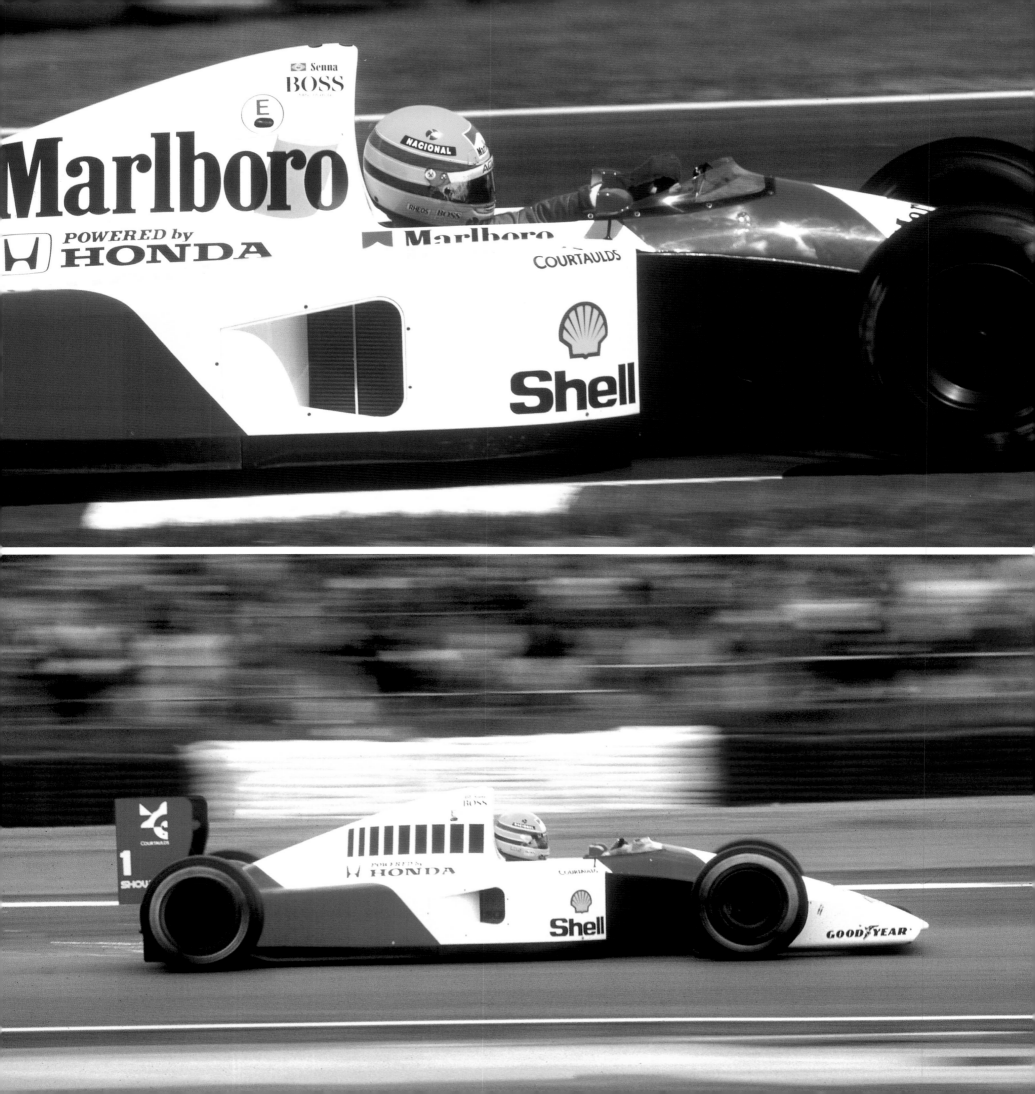

■ Nella pagina a fianco, in alto, uno scatto del weekend messicano che riserva ad Ayrton uno dei più grandi spaventi della sua vita, con il capottamento in prova alla terribile curva della Peraltada, fortunatamente privo di conseguenze. In gara, solo un terzo posto per lui. Weekend piuttosto incolore anche quello del Gp di Gran Bretagna, sotto, che lo vede quarto. Sopra, un'immagine molto rara per il 1991: Senna davanti a Prost che riesce... a stargli vicino; il 1991 infatti è l'anno della mancata sfida, vista la poca competitività della Ferrari, se non fosse per un gran duello a Hockenheim, in occasione del Gp di Germania, quando Senna costringe comunque il francese all'errore. A fianco, Ayrton sul podio del Gp d'Ungheria, da meritato vincitore e a destra, un passaggio al Gp del Belgio, teatro di un nuovo suo trionfo.

■ Opposite, above: a shot from the Mexican weekend, in which Senna had one of the greatest freights of his life by overturning his car at the daunting Peraltada corner, fortunately without injury, and could only manage third in the race. The GPGB was another pallid event for him (below) in which he came fourth. Above: a very rare picture from 1991: Senna ahead of Prost who is able to... stay close to him; in fact, 1991 was the year of the missing challenge, given the comparative lack of competitiveness of the Ferrari – if it hadn't been for the great duel at Hockenheim during the German Grand Prix. There, Senna forced the Frenchman to make a mistake. Side: Ayrton on the podium of the Grand Prix of Hungary the well-deserved winner right from the GP of Belgium, scene of another triumph.

■ Il finale di stagione è meno al cardiopalma rispetto ai tre anni precedenti. In realtà Senna e la McLaren, sopra, si difendono senza troppi patemi dalla Williams-Renault di Mansell che ormai è più competitiva ma paga i troppi punti persi nella prima parte del Campionato. A sinistra, Ayrton a Monza si piazza secondo dietro al "Leone" mentre, più sotto, nel Gp di Spagna, giungerà solo quinto, nel giorno dell'ulteriore affermazione di Mansell, il quale si giocherà tutto a Suzuka, con un'uscita di strada alla curva 1. Nella pagina a fianco, Ayrton Senna e la McLaren Mp4/6-Honda V12, sono Campioni del mondo 1991.

■ The season's finale was less heart-stopping than the previous three years. In reality, Senna and the McLaren (above) defended themselves from Nigel Mansell's Williams-Renault without too much difficulty, even though it was more competitive, but it had lost too many points early in the season. Left: Ayrton came second at Monza, behind "il Leone" Mansell while (further below) the GP of Spain and (below) we see him competing in the Grand Prix of Spain, where he only came fifth during a day of further affirmation by Mansell. The Briton lost it all at Suzuka with an off circuit excursion at corner one. Opposite: Ayrton Senna and the McLaren MP4/6-Honda V12, the 1991 Formula 1 World Champions.

1992-1993
Senna VS Mansell e ancora Prost

A fine 1991 Ayrton è all'apice. È il pilota in attività più vincente e pagato della F.1, considerato che Prost, licenziato dalla Ferrari, esce dal Circus regalandosi un anno sabbatico e che Piquet, quasi quarantenne, è fuori dai giochi per sempre.

Senna sfolgora quale uomo simbolo del Brasile ed esempio di campione assoluto, conosciuto e apprezzato ovunque.

Eppure per lui si prepara il biennio più difficile. In conclamata inferiorità tecnica, spogliato dell'iride, privo di chance per il titolo, gli sono concessi solo sprazzi di gloria.

Ayrton è gran vincente e cattivo perdente. È un rivale totale. In pista e fuori. Con gli avversari tosti mica corre e basta, no, rumina, litiga, intimidisce, predica, s'infervora, perfino scazzotta. L'elenco degli *sparring partner*, psicologici e non, sarebbe interminabile. Trova perfino il modo di far inferocire, nell'ambito di un weekend Gruppo C – dove aveva debuttato nel 1984 al Nürburgring con una Porsche 956 di Joest –, l'arcigno Derek Warwick, che gli rifila due sberle.

Eppure cura e onora il valore dell'amicizia. A Gerhard Berger, il solo compagno di squadra col quale lega davvero, a fine 1991 regala una vittoria platealmente, a Suzuka. Bel gesto dal sapore agrodolce del presente prezioso ma ostentato.

In pista è un duro, uno spregiudicato. Di ruotate e scherzetti ne rifila e ne subisce.

Ma non è un crasher. Da solo sbatte poco o niente. Le cannonate che tira sono rare. La più beffarda, la già citata al Portier, vedi Montecarlo 1988, la più emotivamente grave in Messico nel '91, con tanto di ribaltamento alla Peraltada, la cosiddetta Curva della Muerte. Un momento di paura e niente più.

È campionissimo di classe, d'orgoglio, di pancia e di testa.

Il suo problema, però, nel 1992-1993 è metallico e ha un nome e un cognome: Williams-Renault. Contro il capolavoro di Newey, le sue McLaren, passate nel 1993 dal motore Honda a quello Ford, nulla possono.

Per uno come lui, il 1992 è una tortura. Mansell vince a raffica. Ad Ayrton resta il colpaccio a Montecarlo, solo perché il "Leone" viene mortificato da una gomma sgonfia. Gli altri due centri in Ungheria e in Italia sono magre consolazioni. Anzi, nel weekend monzese lo raggiunge la notizia peggiore: per il 1993 Prost ha firmato con la Williams, sostituendo Mansell. Sconforto, gelosia, consapevolezza di aver perso l'occasione che meritocraticamente doveva essere sua, certezza di essere all'angolo, sfiducia in una F.1 nella quale i

1992-1993
Senna v Mansell and still Prost

At the end of 1991, Senna was on top. He was the most successful driver still competing and the highest paid in Formula 1. Prost, meanwhile, had been fired by Ferrari, had left the Circus on a year's sabbatical and was out of the championship forever.

In Senna there burned the symbol of Brazil and of an absolutely exemplary champion, known and appreciated everywhere.

Yet a difficult year was in store for him. Self-evident technical inferiority, stripped of his smile, without a chance of winning the title, he was only allowed glory. Ayrton was a great winner and a bad loser. A total rival. On the track and off it.

He didn't just race against the top opposition and leave it at that. He ruminated, argued, intimidated, became worked up, even had punch-ups. The list of his psychological and physical sparring partners is interminable. He even found a way to infuriate the dour Derek Warwick, whom he punched twice during a Group C weekend, a sport in which Ayrton made his debut in 1984 at the Nürburgring driving a Joest Porsche 956.

Yet he took care of, and honoured, the value of friendship. He blatantly handed victory to Gerhard Berger, the only teammate with whom he formed a real relationship, at Suzuka at the end of 1991. A pleasant but bitter-sweet gesture, a precious but ostentatious gift.

He was a hard nut on the track, unprejudiced. He gave and he received wheel banging and other little jokes.

But he wasn't a crasher. He himself hit little or nothing. The knocks he engineered were rare. The most derisory, the already mentioned Portier at Monte Carlo in 1988; the most emotive and serious overturning his car in Mexico in 1991 at Peraltada, the so-called Corner of Death. A flash of fear but nothing more. He was a champion of class, pride, belly and head.

But his problem in 1992-1993 was metallic and it was called the Williams-Renault. Against Newey's masterpiece, Senna's McLaren was no longer powered by Honda engines but by Fords, so he couldn't do a thing.

For someone like him, 1992 was sheer torture. Mansell won race after race. Ayrton pulled off a coup at Monte Carlo, but simply because "il Leone" Nigel was stuck with a flat tyre. The other two wins in Hungary and Italy were meagre consolations.

In fact at Monza Ayrton was given even worse news: Prost had signed for Williams for 1993, replacing Mansell. Discomfort, jealousy, the knowledge of having lost an opportunity he merited the certainty of being forced into a corner, distrust in an F1 in which

1992-1993 **Senna VS Mansell e ancora Prost**

giochi da caminetto e le politiche felpate possono più della competitività e della velocità. Lo stato d'animo di Ayrton è intuibile. Per scongiurare l'arrivo di Prost alla Williams, aveva fatto di tutto, in estate. Offrendosi a patron Frank perfino gratis. Non è servito.

Il 1993 è il suo calvario a due cime. Sui tracciati bisogna sopportare lo show di Prost con una monoposto quasi imbattibile, ai box ogni volta tocca sbranarsi con Dennis, perché un vero contratto tra Ayrton e la McLaren non c'è più. Corre a cachet, gara per gara, con un ingaggio d'un milione di dollari a weekend, frutto d'un tira e molla ciclico e snervante. Addirittura, a fine 1992 ha anche provato la Penske di Fittipaldi a Firebird, qualcuno dice lanciando un segnale d'insofferenza verso la McLaren, ma di fatto non è così: Ayrton non disdegna Indy, anzi, ma vuole solo la F.1, nel suo cammino, anche se il momento pare buio.

Eppure le gemme preziose di rivincita morale non mancano. Perché il Paulista nel 1993 segna gol della bandiera talmente belli da essere ricordati più della partita iridata incolpevolmente persa.

Il 28 marzo, in un pomeriggio di pioggia, trionfa ancora nel Gp del Brasile, mentre l'odiato Prost, confuso, è fuori gara.

L'11 aprile a Donington, per il Gp d'Europa, ripiove di brutto e il primo giro se non fosse realtà sarebbe incredibile da vedere pure in un cartone animato giapponese.

Ayrton parte dalla seconda fila. Tanto per cominciare, si becca una spintonata da Schumi che lo manda sull'erba e a infilarlo è pure il rookie Wendlinger.

Ma poi il film da commedia depressa diventa epica pura. Tempo un paio di pieghe e Schumacher viene divorato. Poi alla "esse" è il turno di Wendlinger a vedere un corpo biancorosso – ma celeste, astronomicamente parlando –, sfrecciargli oltre. Davanti a Senna ci sono le Williams da curare, ora. Gli bastano un paio di pieghe per sverniciare Damon Hill e nel mirino ha la preda prelibata, Prost, al quale fa ciao ciao al tornantino, mentre il francese resta a osservarlo, stupito come un mucca guarda passare un treno.

Il resto è gestione pura della leggenda. Una passerella trionfale di Ayrton, mentre Alain trascorre più tempo fermo a cambiar gomme che in pista a contenere il distacco, misurabile più col calendario che col cronometro.

Il 23 maggio Senna vince per la sesta volta il Gp di Montecarlo, superando il record del pentatrionfatore Graham Hill, considerato inscalfibile.

Il 7 novembre in Australia coglie la quinta vittoria stagionale – dopo essere andato a segno anche sull'amata Suzuka –, e stringe la mano a Prost che lascia la F.1.

E la vera notizia dell'anno è un'altra: sarà proprio Ayrton Senna a sostituire il tetrairidato francese alla Williams-Renault. Il momento agognato del riscatto sembra finalmente giunto.

1992-1993   Senna v Mansell – and still Prost

fireplace games and stealthy politics can be more important than competitiveness and pure speed. Ayrton's frame of mind could be easily understood. During the summer, he did everything he could to prevent Prost's arrival at Williams. He even offered his services to Frank Williams for nothing. But it was no good.

The 1993 season was the cross he had to bear. Two-fold. On the circuits, he had to put up with Prost's show in a car that was all but unbeatable; in the pits he tore into Dennis, because there was no longer any real contract between Senna and McLaren. He raced for a million dollars a weekend, negotiated race by race, the result of hard-nosed talk that was cyclical and exhausting. And at the end of 1992 he also tested Emerson Fittipaldi's Penske at the Firebird circuit, some say as a gesture of impatience with McLaren, but in fact it wasn't like that. Ayrton didn't scorn Indy, quite the reverse, but he only wanted to be in Formula 1, even in what seemed like a dark moment.

Yet the joy of moral revenge was there. Because the man from San Paolo scored victories that were so good they would be remembered more than the races he lost. On a rainy afternoon on 28 March, he won the Grand Prix of Brazil again, while the hated Prost, who was confused, dropped out of the race.

It rained heavily again on 11 April in the Grand Prix of Europe at Donington and the first lap seemed more like one of those Japanese cartoons, had it not been incredible reality. Ayrton started from the second row of the grid. To begin with, he was nudged by Schumi, who pushed him onto the grass. And rookie Kurt Wendlinger overtook him.

But then, the depressing comedy film became a pure epic. In the time it took to do a couple of laps he devoured Schumacher. At the esses it was Wendlinger's turn to see the red and white body shoot past him. That left the Williamses in front of Senna. It only took a couple more laps to take out Damon Hill, which left his palatable prey Prost in his sights. He left the Frenchman behind at the hairpin and Alain could do nothing but watch him go, stupefied like a cow watching a passing train.

The rest was simply a matter of administering a legend. A triumphal parade by Ayrton, while Prost took more time having his tyres changed than on the track trying to contain the gap, which could more effectively be measured using a calendar rather than a stopwatch.

On 23 May, Senna won the Grand Prix of Monaco for the sixth time and broke Graham Hill's record, which had been previously considered unbreakable.

In Australia on 7 November, he took his fifth victory of the season – after having won at his 'beloved' Suzuka – and shook Prost's hand because the Frenchman was leaving Formula 1.

But the real news of the year was something else: Ayrton Senna would replace the French quadruple world champion at Williams-Renault.

The coveted moment of redemption seemed to have finally arrived.

STAGIONE
1992
SEASON

■ Il 1992 è la prima stagione di un biennio che vedrà Ayrton Senna in netta condizione d'inferiorità tecnica nei confronti della cresciutissima, anche in termini di affidabilità, Williams-Renault. A lui resterà la consolazione d'essere, nella pagina a fianco, il Re della Pioggia... In pista, contro Mansell, c'è poco da fare e Ayrton stavolta se la prende con filosofia, uscendo sereno dall'abitacolo, sopra, per fare due chicchiere con amici quali Emerson Fittipaldi, in alto. "Beco", in realtà, medita la rivincita, in alto a destra, ma inizia a pensare che potrà riuscirci solo a patto di interrompere il connubio con la McLaren, a destra, che comunque proseguirà fino a tutto il 1993.

■ The 1992 was the first season of a two-year period that saw Ayrton Senna in a clearly inferior technical situation compared to the Williams-Renaults, which were much more reliable by this time. For the Brazilian there was the consolation (opposite) of being the King of the Rain. There was not much he could do on track against Mansell, so this time he took it with philosophy, quietly stepping out of the cockpit (above) to chat with friends including Emerson Fittipaldi, above. In reality, "Beco" ruminated on revenge, above, right, but he began to think he could only achieve it by breaking away from McLaren, right, but he continued with his existing team throughout 1993.

■ Alla McLaren il rapporto col boss Ron Dennis non è sempre facile, anzi, nella fase conclusiva della sua permanenza, s'avvia a diventare incandescente, non solo per motivi tecnici ma anche economici. Tutto bene, invece con Berger, suo fedelissimo compagno di squadra e amico. In basso, Ayrton impegnato nel Gp del Messico, gara che non lo vedrà al traguardo per un problema alla trasmissione. Nella pagina a fianco, eccolo impegnato nel Gp del Brasile, corsa teatro di un deludente ritiro causato stavolta da problemi all'impianto elettrico.

■ At McLaren, relations with the boss, Ron Dennis, were not always easy. In fact, in the closing stages of their association, their relationship was on the way to becoming incandescent, not only for technical reasons but also over financial matters. Yet everything was fine between Senna and Berger, his loyal teammate and friend. Below: Ayrton competing in the GP of Mexico, which he couldn't finish due to a transmission problem. Opposite: here he is at the Grand Prix of Brazil, from which he made a disappointing retirement, this time due to electrical trouble.

È una stagione che va presa per quello che è: una lunghissima parata vincente per la Williams di Mansell, contrassegnata dal mitico numero "Red Five", il "Cinque Rosso": sull'amata pista di Imola, a sinistra, Ayrton è solo terzo. Il discorso cambia completamente in occasione del Gp di Montecarlo, dove, complice una gomma afflosciata che rallenta la marcia del "Leone", "Beco" si toglie la soddisfazione di cogliere un insperato successo, facendo la gioia di Ron Dennis, in basso. Nella pagina a fianco, Ayrton sul palco d'onore insieme a Ranieri e Alberto di Monaco, oltre al raggiante Dennis. Infine, in basso, eccolo festeggiare il trionfo sulla pista della quale è sempre più splendido interprete.

A season that had to be taken for what it was, a long parade of winning Williamses driven by Nigel Mansell, carrying the legendary Red Five on the beloved Imola track (left) where Ayrton only made third. The music changed completely at the Monaco Grand Prix, where a flat tyre slowed the Lion. "Beco" at least had the satisfaction of scoring an unexpected win, delighting Ron Dennis (below). Opposite: Ayrton in the royal box with Prince Rainier and Prince Albert of Monaco, as well as a beaming Dennis. Lastly, below, here is Senna celebrating his victory on the track of which he has always been the finest interpreter.

AYRTON SENNA

■ Nel Gp di Germania, solita storia con Mansell vincente e Senna secondo. A ben guardare, la novità risiede nel giovane volto del terzo classificato, Michael Schumacher al volante della Benetton, che ben presto dimostrerà d'avere classe e talento tali da poter rivaleggiare col campionissimo brasiliano. Nella pagina a fianco, in alto, Senna prova a star davanti alla Williams Fw14 nel Gp d'Ungheria e al termine di una corsa massacrante ci riesce, andando a sopravanzare sul podio Mansell, quel giorno finalmente iridato, e l'amico e compagno di squadra Berger.

■ It was the usual story in the Grand Prix of Germany, with Nigel Mansell winning from Senna in second. Looking more closely, the new aspect was the young face of the third placed Michael Schumacher in a Benetton, who would soon show his class and talent sufficient to rival the great Brazilian champion. Opposite, above, Senna tries to stay ahead of the Williams FW14 in the Hungarian Grand Prix and at the end of a gruelling race he had done just that, taking a higher podium step than Mansell, who finally became the Formula 1 World Champion that day. They are together with Ayrton's friend Berger.

■ Quello del Gp d'Italia a Monza si rivela essere un altro weekend stupendamente consolatorio per Senna, in una giornata poco favorevole alla Williams, con il suo miglior piazzato, Patrese, solo quinto alla fine. Il dopo-corsa lo vede sventolare festoso, come da copione, la bandiera brasiliana, il gesto rituale che ama di più, oltre a stappare la magnum di Moët & Chandon, nell'altra pagina.

■ The Grand Prix of Italy weekend turned out to be another of great consolation to Senna during a day that was not so favourable to the Williamses, for whom Patrese took the highest place, a lowly fifth. Post-race saw Ayrton fly the Brazilian flag, by now a ritual that he loved the most, as well as uncorking a magnum of Moët & Chandon (opposite).

STAGIONE
1993
SEASON

■ Il 1993 è un altro anno di passione, ma in senso quasi lai-camente evangelico per Senna, il quale, deve accontenarsi, nella pagina a fianco, di correre con una McLaren Mp4/8 dotata del motore Ford 8 HB 8 cilindri, un connubio che sul piano tecnico ben poco può contro la WilliamsFw15C-Renault, stavolta guidata dal rientrante e non proprio gra-ditissimo Alain Prost. L'espressione di Ayrton, col casco e senza, la dice lunga sul suo reale stato d'animo, anche se non mancheranno certo momenti di stupendo quanto occasio-nale riscatto. In alto, la modella brasiliana Adriane Galisteu, all'epoca nuova fiamma del "campionissimo".

■ The 1993 season was another full of passion, but in an al-most evangelistic sense for Senna, who had to content him-self with racing a McLaren MP4/8 (opposite page) powered by a Ford 8 HB 8-cylinder engine, a marriage on a technical level that didn't mean much against a Williams FW15C-Re-nault driven by a returning Alain Prost. Ayrton's expression, with or without his helmet, of his real state of mind was obvious, even if there were still some stupendous but fairly rare moments of revenge. Above: the Brazilian model Adri-ane Galisteu, at the time the great champion's new flame.

Il Gp del Brasile, in un giorno di pioggia che vent'anni dopo rivede in F.1 il nuovo ingresso della Safety-Car, è teatro di un inatteso successo per Senna, a sinistra, sul podio. Stessa storia nel bagnatissimo Gp d'Europa a Donington, a fianco, laddove "Beco", subito dopo il via, dà vita a una rimonta culminata con una fuga da leggenda. E alla fine Ayrton si concede il lusso di accettare le congratulazioni del grande sconfitto, Alain Prost. Per stare davanti al francese, perfino in prova, il brasiliano non risparmia niente: eccolo a Imola, scendere dalla McLaren dopo un testacoda. Nel Gp di San Marino, nella pagina a fianco, non riuscirà però a vedere il traguardo per un problema all'impianto idraulico, nel giorno del trionfo dello stesso Prost.

The Grand Prix of Brazil on a rainy day, which witnessed the return of the safety car to F1 20 years later, was home to a new and unexpected success for Senna (left) on the podium. It was the same story in a wet GP of Europe at Donington, where "Beco" immediately flew off to recover right after the start that culminated in a legendary sprint. And in the end. Ayrton conceded himself the luxury of accepting the congratulations of the defeated Alain Prost. To stay ahead of the Frenchman, even during qualifying, the Brazilian pulled out all the stops; here he is at Imola climbing out of his McLaren after a spin. In the GP of San Marino on the opposite page, he never saw the finish line due to a problem with his car's hydraulic system on a day when Prost triumphed.

■ Nel Gp di Spagna il successo tocca al solito Prost e all'AstroWilliams, che precedono la McLaren di Senna e la Benetton di "Schumi". I tre, in alto, a fine corsa, festeggiano sul podio. Per fortuna che la F.1 torna a Montecarlo, dove la supremazia tecnologica dei rivali non impensierisce Senna più di tanto. E infatti, dopo una gara stupenda, a sinistra, il brasiliano può salire sul palco d'onore insieme al team principal Ron Dennis, a fianco, per festeggiare lo storico sesto successo sul tracciato del Principato, che lo pone davanti all'ex recordman Graham Hill.

■ At the Spanish Grand Prix success went, as usual, to Prost and the astro-Williams, which led home Senna's McLaren and Schumacher's Benetton. Above: the three of them at the end of the race, celebrating from the podium. Fortunately, Formula 1 went back to Monte Carlo afterwards, and that's where the technological supremacy of the rivals' cars didn't worry Senna all that much. After an outstanding race, left, the Brazilian was able to make his way to the royal box again, together with team principle Ron Dennis, opposite, to celebrate his truly historic sixth success on the Principality's circuit, with which he broke Graham Hill's long-standing record.

■ Per il resto, quando non piove o non si corre sui toboga cittadini, Ayrton poco può e al Gp di Francia, pur annunciato in griglia da una gran bella grid-girl, a destra, "Beco" deve accontentarsi del quarto posto. L'immagine in basso ha un valore particolarmente simbolico, quasi a sintetizzare in uno scatto l'importanza della stagione 1993 nella storia della Formula 1. Come capacità di guida pura, il 33enne Senna resta davanti al 38enne Prost, per la quarta volta Campione del mondo grazie alla quasi imbattibile Williams, ma dietro di loro scalpita l'asso del futuro, il 24enne Michael Schumacher al volante della sempre più competitiva Benetton.

■ For the rest, when it didn't rain or the events were not on city circuits, Ayrton couldn't do much and in the French Grand Prix – even though his place on the grid was marked by a beautiful grid girl – (right) "Beco" had to be happy with fourth. The picture below has an especially symbolic value, almost a one-shot summary of the importance of the 1993 season in Formula 1 history. In terms of pure driving ability, 33 year old Senna stayed ahead of 38 year old Prost, who won the world title for the fourth time due to his almost unbeatable Williams-Renault, but behind them champing at the bit was an ace in the making, 24 year old Michael Schumacher at the wheel of the ever-more competitive Benetton.

■ Stavolta il weekend monzese è avaro di soddisfazioni per Senna, che in gara è costretto al ritiro per un contatto con Martin Brundle, suo antico e acerrimo rivale nel corso dell'annata vincente in F.3 britannica. Questo non gli impedisce di dedicarsi ad attività promozionali nelle quali è maestro, come, ad esempio, presenziare alla festa per la 150esima vittoria in Formula 1 della benzina Shell, a sinistra, utilizzata per spingere il motore Ford HB della sua McLaren, a destra, la quale, nel Gp d'Italia, nulla può contro la Williams, in questo caso al top con Damon Hill, scudiero di Alain Prost ormai certo del quarto titolo dopo il quale si ritirerà dalla Formula 1, lasciando l'abitacolo proprio a Senna.

■ This time, the Monza weekend was not a joyous occasion for Senna. In the race, he was forced to retire due to contact with Martin Brundle, his implacable old rival over the years in British F3. But that didn't stop him from devoting himself to promotional activity at which he was a master like, for example, attending the party to mark Shell petrol's 150th victory in Formula 1, left, a fuel used to feed the Ford HB8 engine of his McLaren, right, which could do nothing against Damon Hill's Williams in the Italian GP. The Briton's teammate, Alain Prost, was certain of his fourth world championship by this time, after which he would retire from F1 and make way for Ayrton at Williams.

1994
La curva del destino

Il giorno 11 ottobre 1993 Senna e la Williams ufficializzano il loro rapporto. Un connubio che potrebbe non avere rivali per chissà quante stagioni. Eppure la realtà è diversa, per almeno due motivi. La rivoluzione regolamentare voluta dalla Federazione ha limitato gli aiuti elettronici, togliendo sospensioni attive e controllo di trazione.

La Williams Fw16-Renault, logica evoluzione della regina precedente, ha perso la sua nobile e stordente supremazia. È difficile da guidare, scorbutica e dall'abitacolo stretto.

La seconda ragione che sembra poter rovinare la festa a Senna si chiama Michael Schumacher. Fatta la pace col pensionato Prost, il suo nuovo problema potrebbe avere le sembianze del tedesco, col quale già nel 1992 a Magny-Cours, nel Gp di Francia, ha avuto un confronto acceso seguito a una toccata in pista, bissato da ruotate reciproche in un test a Hockenheim, con tanto di rissone ai box evitato da un meccanico della McLaren, che li ha provvidenzialmente separati.

A rendere di nuovo velenosa l'atmosfera fluttua anche il legittimo dubbio che sulla Benetton-Ford di Schumi gli aiuti elettronici, seppur nascosti, funzionino ancora. Prove non

ce ne sono e non ce ne saranno mai, ma ciò basta per rendere l'inizio di stagione incandescente e strano.

Perché, al contrario dei pronostici, in gara Schumi vola e Senna fa fatica. Nel Gp del Brasile, il 27 marzo, Ayrton s'arrende e va in testacoda quando il rivale è ormai imprendibile al comando. Il 17 aprile, ad Aida, in Giappone, il brasiliano si ritira subito dopo il via per una toccata di Hakkinen, nel giorno del nuovo assolo di Michael.

Il weekend del 1° maggio 1994 sembra l'occasione del riscatto, visto che la Williams è stata modificata, con l'abitacolo reso più confortevole intervenendo sul piantone dello sterzo. In prova Ayrton sigla la terza pole consecutiva. Anche se stavolta non c'è nulla da festeggiare. Anzi, Senna vive uno dei momenti più tristi della sua carriera, perché nelle qualificazioni del sabato il rookie austriaco Roland Ratzenberger resta vittima di uno schianto mortale alla curva Villeneuve, dopo che la sua Simtek ha perso direzionalità in rettilineo per un problema all'ala anteriore. Il mondo della F.1 è nello sgomento e il brasiliano, provatissimo, non vorrebbe neanche correre.

The show must go on e domenica 1° maggio 1994 il Gp di San Marino prende il via. Il tempo di far ruggire i motori e la Lotus di Lamy tampona violentemente la Benetton di Lehto, rimasta ferma in griglia, con una ruota che semina il panico tra il pubblico. Esce la safety-car, che resta in pista fino al quinto giro, quando avviene il restart.

1994
The corner of destiny

On 11 October 1993, Senna and the Williams team made their relationship official. A combination that might remain unrivalled for who knows how many seasons? Yet the reality is something different for at least two reasons. One was that the Federation's regulation revolution had limited electronic assistance, doing away with active suspension and traction control.

The Williams FW16-Renault, a logical evolution of the previous season's top car, had lost its noble and strident supremacy. It was difficult to drive and had a narrow cockpit.

The second reason was called Michael Schumacher, who might ruin things for Senna. Having made peace with 'pensioner' Prost, Ayrton's new problem could be the German, with whom he had already had a fiery confrontation at the 1992 French GP at Magny-Cours. That was followed by a bump on the track and then reciprocal wheel banging session at Hockenheim with a brawl in the pits that was narrowly avoided when a McLaren mechanic separated them. The fluctuating atmosphere became even more poisonous with legitimate doubts about the electronic assistance of Schumi's

Benetton-Ford, because even if they it was hidden it still worked. There was no proof and there would never be any, but that was enough to make the start of the season incandescent as well as strange.

Because against all prognostications, Schumi flew in races and Senna was having a hard time. Ayrton surrendered in the GP of Brazil on 27 March and spun when his rival had taken the lead to become uncatchable. On 17 April at Aida, Japan, the Brazilian retired right after the start due to a nearby spin by Mika Häkkinen on the day of Michael's new acquaintance. The 1 May weekend seemed like a chance for redemption, given that the Williams had been modified to produce a more comfortable cockpit after work on the steering column. During qualifying, Ayrton scored his third consecutive pole position. But there were no celebrations. Instead, Senna lived through one of the saddest moments of his career, because Austrian rookie Roland Ratzenberger had been killed in an accident at the Villeneuve corner during the session. His Simtek had lost directional stability on the straight due to a problem with it's front wing. The world of Formula 1 was in dismay and the Brazilian was completely exhausted. He didn't even want to race.

But like the old show business adage says, the show must go on, so on Sunday 1 May 1994 the Grand Prix of San Marino started. There was just time to bring the engines to a crescendo before Pedro Lamy's Lotus ploughed violently into the back of J.J. Lehto's

1994 **La curva del destino**

Senna è in testa, con Schumi che lo pressa, con poco più di mezzo secondo sulla linea del traguardo. Poi la tragedia. Alla curva del Tamburello, la Williams mentre procede a 310 km/h scarta e va a schiantarsi contro il muro. L'impatto avviene a oltre 200 km/h, le perizie parlano di 216, e un frammento di una sospensione entra nella visiera del campione brasiliano e la perfora, andando a conficcarsi appena sopra l'occhio destro. È come se la fronte di Ayrton fosse colpita da una fiocina sparata da un fucile subacqueo. Malgrado l'intervento immediato dei soccorritori e il trasporto disperato in elicottero all'ospedale Maggiore di Bologna, per il campionissimo non c'è nulla da fare. La cessazione dell'attività cardiaca verrà certificata alle 18.40, ma di fatto l'esistenza di Ayrton Senna ha avuto termine con lo schianto al Tamburello.

Il Brasile piange il suo campione e lo onora con un funerale da Capo di Stato, con due ali di folla che l'accompagnano al cimitero di Morumbi.

Nel frattempo divampano le polemiche sulle cause dell'incidente. Emerge da subito la tesi del settimanale *Autosprint*, che sostiene grazie a precisi riscontri che l'incidente di Ayrton è stato causato dalla rottura del piantone dello sterzo, appunto modificato poco prima dalla Williams per rendere più comoda la posizione di guida del pilota.

Il processo per l'accertamento delle responsabilità apre i battenti nel 1997, in un clima reso pesante dal fronte compatto dei team anglosassoni della F.1, i quali non accettano l'idea che sia il giudice penale a sindacare il comportamento della Williams. Il Circus si chiude a riccio e il contributo processuale delle parti per accertare la verità si rivelerà modesto, per non dire deludente.

Nel 2005 arriva l'assoluzione del patron Frank Williams e del progettista della Fw16 Adrian Newey, in tutti i tre gradi di giudizio. La Corte di Cassazione emette quindi una sentenza di "non luogo a procedere" relativa alla richiesta di assoluzione rivolta al direttore tecnico del team Patrick Head. Lo stesso Head era stato riconosciuto colpevole di omicidio colposo, ma non condannabile a seguito dell'estinzione del reato per prescrizione.

Restano i dubbi sulla sparizione dei dati nelle centraline elettroniche della FW16 e dei fotogrammi del camera-car di Ayrton prima dell'incidente.

Una sola cosa è sicura: Senna è morto non per un suo errore.

A inizio 2014 la Williams pone ai lati del musetto della sua Fw36 un adesivo che ricorda il ventesimo anniversario della scomparsa del campione.

Un bel gesto, a testimoniare una volta di più che Ayrton Senna non è stato dimenticato.

1994 The corner of destiny

Benetton and stopped on the grid, a flying wheel spreading panic among the spectators. Out came the safety car, which stayed on the circuit until the fifth lap, after which there was a restart. Senna went into the lead with Schumi pressing him, not much more than half a second between them as they flashed across the start/finish line. Then, tragedy. At the Tamburello corner when the Williams was decelerating from 310 kph, it crashed into the wall. The impact happened at over 200 kph – the experts talked of 216 kph; part of a suspension component entered the Brazilian champion's vizor, perforated it and penetrated just above Senna's right eye. It was like Ayrton's forehead had been hit by a harpoon fired from an underwater gun. Despite the immediate arrival and work of the medics and being transported by helicopter to the Maggiore Hospital in Bologna, nothing could be done. The Brazilian's heart was certified as having stopped beating at 18.40 hrs, but Ayrton Senna's existence had already ended with the Tamburello crash.

Brazil cried for its lost champion and honoured him with the funeral of a Head of State, crowds either side of the road all the way to the Morumbi Cemetery

In the meantime, controversy erupted over the cause of the accident. The thesis of Italy's motor sport weekly Autosprint emerged immediately and maintained that, following precise checks, Ayrton's accident was caused by a broken steering column that had been modified just before the race by Williams to make the cockpit and driving position more comfortable. The court hearing to establish responsibility opened in 1997 in an atmosphere weighed down by the united front of the Anglo-Saxon F1 teams, which did not accept the idea of a penal judge examining the behavior of the Williams. The Circus circled its wagons and the contribution of the hearing to establishing the truth turned out to be modest, not to say disappointing.

In 2005, Sir Frank Williams was cleared, as was FW16 designer Adrian Newey in all three grades of judgment. But the Cassation Court declared an open verdict in relation to a request for the acquittal of technical director Patrick Head. However, Head was recognised as being guilty of manslaughter, but not blameworthy following the release of the crime by statute of limitations.

There remained doubts due to the disappearance of the FW16's electronic management system data and the pictures of immediately prior to the accident from Ayrton's onboard camera.

Only one thing is certain: Senna had died dead and he didn't do so as a result of any mistake he might have made. In early 2014, Williams placed stickers at the sides of its FW36 nose recalling the 20th anniversary of the champion's death. A fine gesture that testifies yet again to the fact that Ayrton Senna has not been forgotten.

1994

■ Il 1994 è un anno anomalo, strano davvero, fin dall'inizio. Per la seconda stagione consecutiva la Williams si trova a correre dopo aver fatto a meno dei servizi del Campione del mondo in carica. Se a fine 1992 se ne era andato Mansell, questa volta tocca a Prost. Il primo va a correre e vincere nell'IndyCar, il secondo sceglie la pensione. L'arrivo di Senna, il pilota più bravo, al volante della monoposto schierata dalla squadra più competitiva, sembra una chiara minaccia di monopolio pluriennale. Eppure i primi test chiariscono che la nuova Williams è molto più scorbutica e scomoda per Ayrton di quanto si potesse pensare. La sua fiammata iniziale, in testa al Gp del Brasile, poi terminata con un ritiro per testacoda quando la Benetton di Schumacher s'era involata imprendibile al comando, ne è la chiara dimostrazione...

■ The 1994 season was an anomalous one from the start. For the second consecutive season, the Williams had to race without its reigning world champion's services. Mansell left at the end of 1992, and in 1993 it was Prost's turn. The Englishman was the first to race and win in IndyCar, the Frenchman just retired. The best available driver, Senna's arrival at the wheel of the car fielded by the most competitive team seemed like a clear declaration of a multi-year monopoly. Yet the first tests confirmed the new Williams was highly temperamental and uncomfortable for Ayrton. His initial burst of activity of taking the lead in the Grand Prix of Brazil ended with retirement due to a spin was a clear indication of the state of affairs, as Schumacher's Benetton went flying into the lead.

■ Senna con la Williams Fw16 ha un problema, tra gli altri, chiarissimo: nell'abitacolo, angusto e estremo, non ci sta. Nella pagina a fianco, le sue espressioni dicono molto più di un semplice malessere. Il suo, a inizio stagione e fino al Gp di Imola, sembra essere un vero e proprio travaglio, non scevro da un oscuro senso della premonizione che si acuirà drammaticamente nel weekend sanmarinese. Un fine settimana stregato che sarà teatro di un grave incidente per il giovane amico Barrichello, sopra, che picchia violentemente con la sua Jordan alla Variante Bassa.

■ Senna had problems with the Williams FW16, one of which was that he couldn't easily fit into the extremely small cockpit. Opposite: his expression says much more than simple discomfort. From the start of the season and through to the GP of Imola, it seemed he was in real anguish and not devoid of an obscure sense of premonition that intensified dramatically during the San Marino GP. A cursed weekend at the Italian circuit, which would be the scene of a serious accident that happened to his young friend Rubens Barrichello, above, who crashed his Jordan violently into the Lower Variant.

■ Il fine settimana iniziato male a Imola, volge al peggio. L'arrivo della Williams Fw16 in versione modificata non migliora affatto lo stato d'animo di Ayrton. Il sabato, durante l'ultima ora di qualificazioni, il rookie austriaco Roland Ratzenberger, al volante della Simtek, perde la vita in uno spaventoso crash alla variante Villeneuve. È un trauma emotivo immenso per il campione brasiliano, che addirittura vorrebbe rinunciare a prendere parte alla corsa dell'indomani. A scuotere il Circus aveva già contribuito il tremendo botto della Jordan di Barrichello, durante le prime prove di qualificazione del venerdì.

Le immagini delle prime fasi del Gp di San Marino 1994, con Ayrton davanti a tutti, sembrerebbero restituire la sensazione di un campione tornato alla sua dimensione naturale di dominatore, ma in realtà sono le ultime della sua carriera di pilota e della sua vicenda di uomo. Ancora pochi minuti e dopo l'ingresso e il rientro della safety-car, si compierà il suo destino alla curva del Tamburello. Un incidente del quale voluntamente omettiamo le immagini, preferendo ricordare il campionissimo vivo, come tutti lo sentono in occasione del ventennale della scomparsa. In basso, il podio velato di tristezza dell'ultima corsa di Ayrton, con Schumacher vincente, Larini e Hakkinen.

■ The Imola weekend started badly and got worse. The arrival of the modified Williams FW16 didn't improve Ayrton's mood. On the Saturday during the last hour of qualification, Austrian rookie Roland Ratzenberger lost his life at the wheel of a Simtek in a frightening crash at the Villeneuve variant. It was an immense emotional trauma for the Brazilian champion, who didn't even want to start the following day's race. The Circus had already been rocked by Barrichello's violent shunt in the Jordan during Friday practice.

These pictures of the early stages of the 1994 Grand Prix of San Marino, with Ayrton ahead of them all, seem to suggest a champion who had returned to his natural dimension of dominator, but in reality they are the last of both his career as a driver and as a man. A few more minutes and after the entry and exit of the safety car, he met his destiny at the Tamburello corner. An accident of which we voluntarily omit the pictures, preferring to recall the great champion alive and well, like everyone else who feels the 20 year loss. Below: the podium, over which hangs a veil of sadness at Ayrton's last race, with the winner Schumacher, Nicola Larini second and Mika Häkkinen third.

«Ci sono 3 o 4 sconnessioni alla curva del Tamburello e mi auguro che si sia pensato a far qualcosa...».
«There are three or four undulations at the Tamburello corner and I hope they have been devised to do something».

(Gp San Marino 1994)

L'immagine di un campione che ancora sfreccia nelle verdi praterie del suo spirito. Questo, a sinistra, ora è Ayrton Senna, nella memoria emotiva di milioni e milioni di appassionati che non hanno smesso di ricordarlo e di amarlo, dal pomeriggio del 1° maggio 1994. A destra, uno dei primi momenti di commemorazione, con Schumacher, in piena era Benetton, che sventola la bandiera brasiliana in onore dell'indimenticabile "Beco".

Images of a champion who still flies through the green fields of his spirit. Left: now, Ayrton Senna is in the emotive memory of millions and millions of enthusiasts, who have never stopped remembering and loving him from that afternoon of 1 May 1994 onwards. Right: one of the first moments of commemoration, with Schumacher in his Benetton flying the Brazilian flag in honour of the unforgettable "Beco".

5 maggio 1985: ultime battute del Gp di San Marino a Imola. Ayrton Senna, in quel momento al comando della corsa, è costretto a parcheggiare mestamente la sua Lotus 97T, a secco di carburante. Sconsolato, non gli resta che risalire a bordo pista verso i box, percorrendo a piedi la curva del Tamburello e transitando davanti a quel muro che, nove anni più tardi, gli sarà fatale.

5 May 1985, the closing stages of the San Marino Grand Prix at Imola. Ayrton Senna, who was leading at the time, was forced to park his Lotus 97T where it had stopped as it had run out of fuel. Disappointed, there was nothing he could do but walk back to the pits through the Tamburello corner and past that wall against which he would have his fatal accident nine years later.

«Non potrai mai cambiare il mondo da solo. Però puoi dare il tuo contributo per cambiarne un pezzetto. Quello che faccio davvero io per la povertà non lo dirò mai. La F1 è ben misera cosa in confronto a questa tragedia».

«*You could never change the world on your own. But you can make your contribution to changing a small part of it. I will never say what I really do against poverty. Formula 1 is really something minor in comparison with that tragedy*».

La fondazione Senna

«Se una persona non ha più sogni, non ha più alcuna ragione di vivere». «Ognuno nella vita ha il diritto di avere una chance». «La mia responsabilità è forse più grande verso i più giovani, i bambini, perché da parte loro avverto un grande affetto e ammirazione, e questo mi spinge a lottare ancora di più per dare loro qualcosa di speciale. Perciò io mi sento, soprattutto, responsabile nei confronti dei bambini che amano le corse, che si alzano presto e assillano i genitori perché li portino all'autodromo. E, come accade con le persone a cui sono molto vicino, sto bene quando li incontro». Sono parole di Ayrton. Tra le sue più belle, ormai tramutate e concretizzate nel principio ispiratore della fondazione a lui intitolata, l'Istituto Senna, con sede a Pinheiros, nel distretto di San Paolo.

Attivo dal 1994, l'anno della scomparsa del campionissimo, l'Istituto Ayrton Senna non è un ente di beneficenza e assistenza, ma qualcosa di molto più complesso. In parole semplici, si tratta di un organismo in grado di fornire progetti e soluzioni individuali a bambini bisognosi, favorendo la crescita, lo sviluppo e l'inserimento dei soggetti secondo le particolari attitudini di ciascuno.

Arte, cultura, sport, preparazione professionale e assistenza socio-pedagogica sono le basi d'impegno dell'organizzazione non governativa che lavora di concerto con scuole, università e istituti pubblici e privati. Scopo ultimo è quello di prender per mano bambini disagiati e accompagnarli senza traumi nel tragitto che li separa, altrimenti implacabilmente, "dalla favela al computer", dai drammi della strada a una vita perfettamente equilibrata e integrata nella società.

Now, Ayrton means solidarity

"If a person doesn't dream any more, he or she doesn't have any reason to live". "Everyone in life has the right to a chance". "My responsibility is, perhaps, greater towards the young, towards children, because I feel a great affection and admiration from them and that makes me fight even more to give them something special. For that reason, I feel particularly responsible for children who love racing, those who get out of bed early and pester their parents to take them to the race track. And, as happens with people to whom I am very close, I am happy when I meet them".

They're Ayrton's words. Among the finest he has ever spoken, now transformed and turned into the inspiring principles of the foundation that carries his name, the Ayrton Senna Institute, which has its headquarters in the Pinheiros area of San Paolo. Active since 1994, the year of the great champion's death, the Institute isn't a charity and assistance organisation, but something much more complex. Simply put, it provides individual projects and solutions to needy children to encourage their growth, development and integration in line with each one's particular attitudes.

Art, culture, sport, professional preparation and socio-educational assistance are the bases of this non-governmental organisation's commitment, an Institute that works in concert with schools, universities, public and private structures. The ultimate purpose is to take underprivileged children by the hand and accompany them, without trauma, along the road that separates

Il cibo, quindi, è solo il primo necessario passo di un cammino lungo e delicato.

A dare ragione all'attività dell'organismo, oltre che i propositi, ci pensano le cifre che da subito hanno caratterizzato il suo operato. Fin dai primi sei anni di attività, il numero complessivo degli assistiti si è più che decuplicato: dagli iniziali 21.000 del 1995 si è passati ai 288.000 del 2000 e alla fine del 2002 il numero target era di 400.000 ragazzi.

Nei primi cinque anni una cifra equivalente a 25 milioni di Euro è stata spesa per investimenti sociali, secondo gli scopi e le modalità dell'Istituto che vanta solo 20 dipendenti, nella sua sede amministrativa nel distretto di San Paolo.

È questo il motivo che sta alla base della stabilità dei costi amministrativi che risultano praticamente costanti fin dalla metà degli Anni Novanta, a fronte di una vera e propria impennata dei fondi destinati a sostegno dei tanti programmi: cifra questa che risulta superiore di oltre 25 volte rispetto a quella che caratterizzò il primo anno di attività.

Riscontri importanti, concreti, che gettano merito e luce positiva sui frutti dell'impegno sociale di Viviane Senna, manager e forza trainante dell'Istituto. Ma da dove provengono le energie economiche che fungono da presupposto all'attività della organizzazione? Semplice, dai diritti (peraltro ancora altissimi) percepiti dalla famiglia del campione per quanto riguarda lo sfruttamento del merchandising, del marchio Senna e del personaggio a fumetti Senninha.

Cifre importanti, cui la famiglia ha rinunciato subito dopo la morte dell'amato Ayrton per creare una fonte fondamentale di alimentazione alle molteplici attività che costituiscono ormai un punto di riferimento irrinunciabile per le speranze di centinaia di migliaia di soggetti disagiati.

---

them, otherwise implacably, "from speech to the computer", from the drama of the streets to a perfectly equilibrated life, well integrated into society.

So food is just the first necessity in this long and delicate journey.

Confirmation of the validity of the organisation, as well as its purpose, comes from the numbers which have been part of its operation from the start. Right from the first six months of the Institute's activity, the overall number of youngsters it has helped has increased more than tenfold, from an initial 21,000 in 1995 to 288,000 in 2000. By the end of 2002, the target number was 400,000 young people.

In the institute's first five years, 25 million euros went into social investments in line with the purposes and the methods of the organisation, which has only employed 20 people at its San Paolo administrative headquarters since it started.

And that is the reason for the administration's cost stability, which has been almost constant since the mid-90s, even in the face of a real upsurge in funds destined to support the many programmes: numbers which are more than 25 times that with which the Institute started during its first year.

Important concrete results that cast merit and positive light on the outcome of the social commitment of Viviane Senna, manager and driving force of the Institute. But where does she get the economic energy that acts as a precondition to the activities of the organisation? Simple: from the rights – which are still extremely high – received by the champion's family for the exploitation of the Senna brand in merchandising and the character in the Senninha comics.

Ecco quindi che Viviane Senna rappresenta a tutt'oggi lo strumento e la prosecuzione ideali dell'impegno e degli auspici del fratello Ayrton, che si sono tutti puntualmente tramutati in un'operosa realtà.

Per chiunque fosse interessato a collaborare o a saperne di più dell'organizzazione, ne forniamo i punti di riferimento; l'indirizzo in lingua inglese sul web è: http://senna.globo.com/institutoayrtonsenna/ingles/home/ mentre quello postale ha le seguenti coordinate: Rua Dr. Fernandes Coelho, 85 - 15° Andar. Pinheiros - São Paulo - SP 05423-040 - Brazil (Brasile). Il numero telefonico di riferimento è (11) 2974-3000.

Nei primi 15 anni di attività l'Instituto Ayrton Senna ha investito la cospicua cifra di oltre 70 milioni di Euro, contribuendo fattivamente a trasformare la vita di 11.640.930 tra bambini e giovani brasiliani, occupandosi della formazione di 553.512 insegnanti ed educatori e distribuendo le proprie attività in 1.372 città e in 26 Stati e Distretti Federali del Brasile.

Non a caso, nel 2003, dopo nove anni di attività, l'Instituto Ayrton Senna ha ricevuto dall'Unesco (Organizzazione delle Nazioni Unite per l'Educazione, la Scienza e la Cultura) la "Cattedra Unesco per l'Educazione e lo Sviluppo Umano".

Dati, contesti, situazioni e riconoscimenti che vedono l'organizzazione porsi sulla scia vincente degli obiettivi che ispirarono fin dal principio la vita e la carriera del campione, al quale essa stessa s'ispira perpetualizzandone la filosofia di vita e il ricordo.

Significant numbers, which the family renounced immediately after the death of their much loved son Ayrton, to create a fundamental source from which to finance the multiple activities of the Institute: those which are now an inalienable point of reference in the hopes of hundreds of thousands of needy youngsters.

Even today, Viviane is the 'instrument' and ideal continuation of the commitment and the patron of the Senna family, who have been completely transformed into a hard-working organisation.

For anyone interested in collaborating with, or knowing more about the Institute, here's some information: the web site address in English is http://senna.globo.com/istitutoayrtonsenna/ingles/home : the postal address is Rua Dr. Fernandes Coelho, 85 – 15° Andar, Pinheiros – São Paolo – SP 05423-040 Brazil: telephone (11) 2974-3000.

During its first 15 years, the Instituto Ayrton Senna invested the substantial sum of over 70 million euros, contributing effectively to transforming the lives of 11,640,930 Brazilian children and teenagers, engaged in the training of 553,512 teachers and other educators. In Brazil, it is active in 1,372 towns and cities in 26 states and federal districts.

It is no coincidence that in 2003, after nine years of operations, the Instituto Ayrton Senna received a professorship in Education and Human Development from the United Nations Educational, Scientific and Cultural Organisation (UNESCO).

Data, background, situations and recognition that see an organisation place itself in the winning slipstream of the objectives that inspired the life and career of the great champion from the outset, and which motivate the organisation itself, perpetuating the philosophy of life and his memory.

«La pole position è come una gara di cento metri. Dai tutto quello che hai,

in quel minuto, minuto e mezzo, trattenendo il fiato in certe curve, non

respirando per bilanciare meglio la vettura, per aumentare la sensibilità.

La carica di adrenalina è incredibile, da un secondo all'altro. Credo che sia il

momento più grande, il più forte, il più alto...».

«Pole position is like a 100 metre race. You give everything you have in that

minute, minute and a half, holding your breath in some corners, not bre-

athing to better balance the car, to increase sensitivity. The adrenaline rush

is incredible from one second to the next. I believe it is the greatest moment,

the most powerful, the highest».

Il "vero" Re della pole

Please, smettiamola di parlare del record assoluto di pole position in F.1.

O, se vogliamo proprio farlo, diciamo le cose come stanno.

Non è affatto vero che la lotta adrenalinica per la pole è tornata in auge nel terzo millennio e che Senna ha perso l'esclusiva del primato a vantaggio di Schumacher per 68 a 65. A me risulta il contrario.

Perché dobbiamo piantarla una buona volta di misurare tutto, la nostra vita e quelle altrui, solo con i numeri in una sorta di folle orgia pitagorica, per rimetterci in testa che è l'uomo la misura di tutte le cose.

E nella lotta per la pole position mai i piloti furono così uomini, mai così coraggiosamente, disperatamente, fragilmente ed effimeramente campioni e al tempo stesso umani, come nell'era della F.1 caratterizzata dal turbo, dall'effetto suolo, dalle gomme da qualifica e dai primi freni in carbonio.

Quella del giro secco a vita persa. Diciamo pure l'epopea dei favolosi Anni Ottanta.

Intendiamoci, erano pole che servivano a poco o niente. C'erano ancora curvoni strappacuore, tipo Signes e Peraltada, e sorpassi a go-go. Le monoposto avevano un'aerodinamica raffinata ma non critica e potevi vincere un Gp persino da fondo griglia. Partire in testa non garantiva niente.

Ma proprio nella sostanziale fuggevolezza, inutilità e caducità della pole, si nascondeva un fascino autoessen-

The "real" king of pole

Please, let's stop talking about the record number of F1 pole positions. Or if we really have to, at least say how things are.

It is definitely not true that the adrenaline-packed battle for the pole has become fashionable in the third millennium and that Senna has lost the exclusivity of winning the most pole positions to Michael Schumacher, 65 to 68. I believe the contrary is the case. Because we have to stop measuring everything, our lives and others, with just numbers once and for all in a sort of daft Pythagorean orgy, and put it firmly in our minds that it is man who is the measure all things, not the other way around.

Men were never more men than in the battle for pole position, never so courageously, desperately, fragilely and ephemerally champions and at the same time human, as in the era of the Formula 1 of '80s: turbos, ground effect, qualifying tyres and the first of the carbon fibre brakes. They had to deal with them all.

The years of the one single lap. Of the fabulous '80s.

Frankly, they were pole positions that weren't really of any use at all. There were still big heart-stopping corners. Like Signes and Peraltada, and overtaking a go-go. The cars were of refined but not critical aerodynamics, and could even win a Grand Prix from the back of the grid. Starting up front didn't guarantee anything. But in that fleeting moment,

ziale, ammaliante e perverso. Per due minuti scarsi, costasse quel che costasse, si diventava l'Uomo più veloce del mondo. Al volante di una monoposto – per definizione macchina inutile, sogno alato e sterile, sbaffo tellurico – che diveniva magicamente e pericolosamente la sublimazione del suo stesso effimero, una farfalla meravigliosa che sbattendo un poco le ali già ne perdeva le miracolose polveri. Con un motore che durava tre giri a pieno regime, gomme che si sfilacciavano dopo due, freni che calavano dopo uno e un cuore, quello del pilota, mica tanto sicuro di reggere.

Fu intuendo questo scenario che Vittorio Brambilla, il più coraggioso di tutti, nell'80, a 43 anni scosse la testa e disse basta. Gilles Villeneuve, invece, anelò al mito al prezzo purtroppo pagato di una roulette potenzialmente assassina. Uscendo dalla vita, un pomeriggio maledetto, a Zolder, nell'82. L'anno in cui il 42enne Mario Andretti tornato dal passato, sbarcò a Monza e piantò in pole la Ferrari numero 28, in un boato che fece rizzare in piedi i centomila dell'Autodromo. E chissenefrega della corsa di domani.

Fu da quest'acqua bollente, brodo fecondo e primordiale, che emersero i nuovi mostri Piquet e Mansell, che in qualifica si giocavano pure le vertebre per spremere adrenalina dalle surrenali e tempi monstre dai cronometri.

Poi arrivò lui. Ayrton Senna. Il poleman evoluzione 2, il prodotto più raffinato di una razza nuova che però faceva commuovere pure gli anziani. E il suo battito animale divenne colonna sonora ideale del giro della morte.

Nessuno fu come lui, nessuno lo sarà più. Certe sere, ancora oggi, al vecchio fotografo di *Autosprint* Angelo Orsi

the uselessness and transience of the pole, was hidden an auto-essential fascination, bewitching and perverse. For just about two minutes, cost whatever it would cost, someone would become the fastest man in the world. At the wheel of a single-seater – by definition a useless car, a winged but sterile dream, a telluric smudge – that became magically and dangerously the sublimation of its own ephemeral, marvelous butterfly that, by beating its wings a little, already started to lose that miraculous dust. With an engine that lasted just three laps at full revs, tyres that wore out after two, brakes that lost their power after one, and the driver's heart unsure of whether or not it could stand it all.

It was by sensing just such a scenario that Vittorio Brambilla, the most courageous of them all in the '80s, shook his head and said 'that's all' at 43 years old. But Gilles Villeneuve craved the myth and paid the price of a potentially murderous roulette. He lost his life one damned afternoon at Zolder in '82. That was the year 42 year old Mario Andretti returned from the past and landed at Monza to put Ferrari number 28 on pole to a roar that brought the Autodromo's 100,000 spectators to their feet. And who cared about the race of the next tomorrow.

It was from this boiling, fertile and primordial essence that new monsters emerged. People like Piquet and Mansell, who even put their vertebra on the line in qualifying, all to squeeze more adrenaline from the suprarenals and time monsters of the chronometers.

Then Ayrton Senna arrived. The poleman, evolution two. The most refined product of a new race who even moved the old. And his animal beat became the ideal theme music for the lap of death.

s'incrina la voce quando ricorda, al figlio Matteo, Ayrton a Imola che fa regolare le gomme con quattro valori di pressione differenti l'uno dall'altro, la formula magica per gettarsi in pista a capofitto, a due minuti dalla fine delle prove, e infliggere agli avversari la coltellata devastante e definitiva.

Questa, una volta, era la pole. Non un secco responso cronometrico, ma una filosofia di vivere le corse. Bella, pazza e terribile.

Una cultura, una civiltà. Che, siamo realisti, abbiamo perso e non ritornerà più. Come gli amori che abbiamo amato troppo o troppo poco pentendoci quando era tardi, come gli amici che se ne sono andati, come certe domeniche pomeriggio infinite a cavallo di anni volati via, quando eravamo felici ma non lo sapevamo.

Cari studiosi di statistica dai calcoli micidiali e dai primati ritoccati, abbiatelo un pensiero caldo, per quel nostro paradiso perduto. Là dove resta vivo anche chi non lo sarebbe. Noi siamo e resteremo quelli che svegliandoci ogni 21 marzo e aprendo gli occhi diciamo e diremo sempre le stesse tre parole.

Buon compleanno, Ayrton.

No-one could match him, and nobody will any more. Some evenings, even today, the voice of the veteran photographer Angelo Orsi breaks a little when he recalls Ayrton at Imola for his son Matteo. Senna had each of his four tyres inflated to different pressures. The magic formula with which to throw himself headlong onto the track two minutes before the end of qualifying and inflict a devastating and definitive defeat on his adversaries.

Once upon a time, that was the pole. Not a short, sharp chronometric response, but a philosophy by which to live racing. Gorgeous, mad, terrible.

A culture, a civilisation which, let's be realistic, we have lost and it will never return. Like loves that we have loved too much or too little, regretting it when it was too late. Like friends who have left us, like certain Sunday afternoons, infinite, spanning the fleeting years, when we were happy but we didn't know it at the time.

Dear statistics students of deadly calculations and retouched records, have a kind thought for our paradise lost. There, where even those who are not alive live. We are, and we remain, those who wake up every 21 March and, opening our eyes, always say and have said the same three words for years.

Happy birthday, Ayrton.

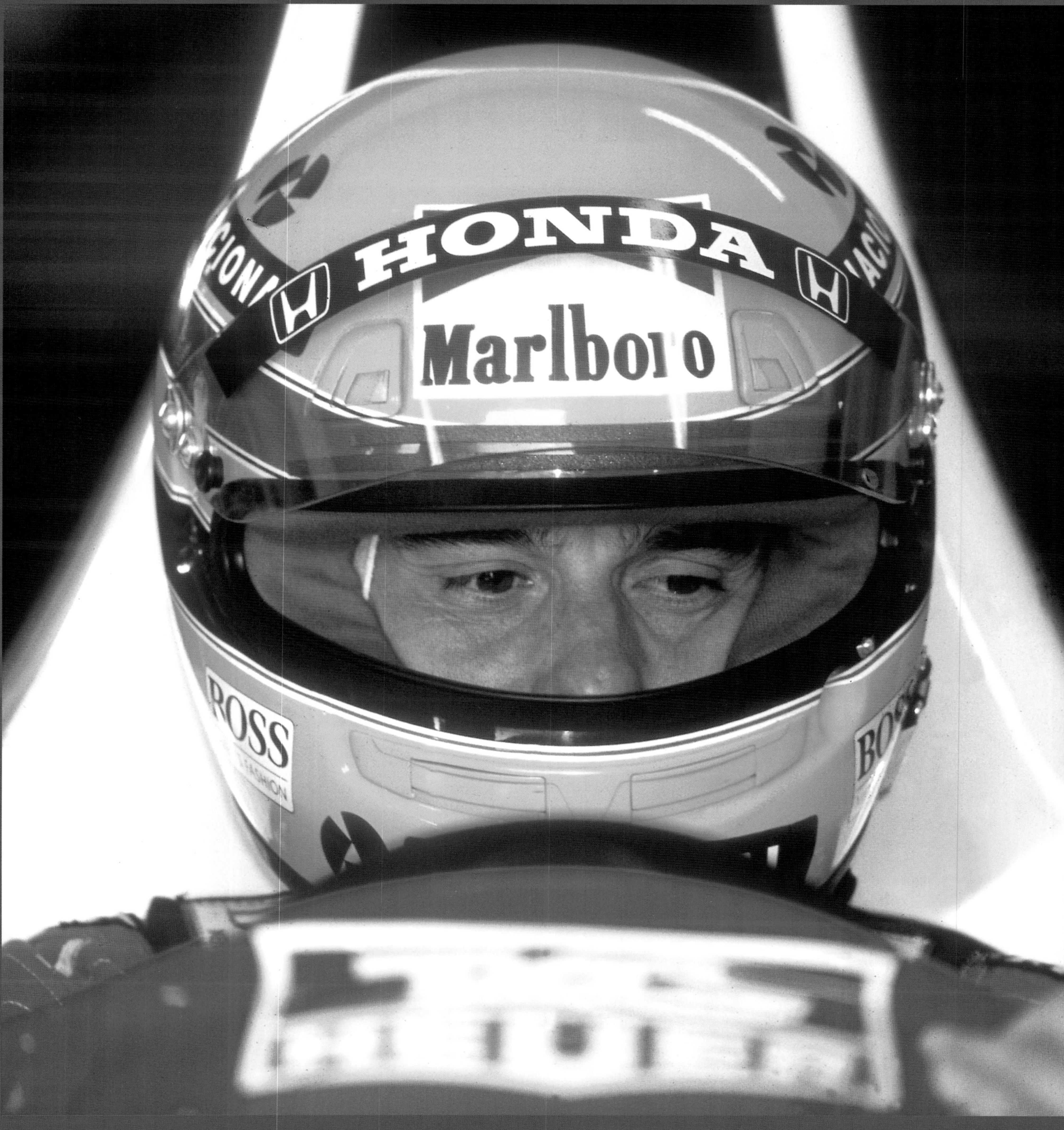
HONDA
Marlboro

Il casco verde e oro

I casco di Ayrton Senna resta il più popolare e riconoscibile nella storia della F.1. Una calotta originale e evocativa come poche, coi colori della bandiera brasiliana, a sottendere il giallo delle riserve auree, il verde delle foreste amazzoniche e il blu del cielo sopra Rio de Janeiro. Simbolo puro e dal significato profondo, per lui e per chi lo ama.

Fino a oggi non è mai stata tentata una trattazione sistematica dell'evoluzione dei colori e della grafica dei suoi caschi, nel corso di 22 stagioni di carriera. Un buon motivo per andare a scoprire, con l'aiuto dell'appassionato e esperto collezionista Andrea Salvati, contesti e segreti dei modelli adottati.

Anzitutto le marche. Dal 1979 al 1982, quindi dal kart alle prime due stagioni in auto, Senna usa degli Arai, anche se a ben guardare i pareri sono discordi perché c'è chi giura che proprio in kart Ayrton abbia usato, raramente, pure un casco Agv.

Quindi dal 1982 al 1984, sua prima stagione in F.1, eccolo con il Bell Xm1 e, dal 1984 al 1989, il Bell Xfm-1. Il 1990 e 1991 sono gli anni dei Rheos e il biennio 1992-1993 lo vede con lo Shoei X Four. Infine, nel 1994, Senna adotta il Bell M3, con l'eccezione del test a Le Castellet, quando prova un Bell Feulling.

The green and gold helmet

*A*yrton Senna's helmet remains the most popular and recognisable in the history of Formula 1. A more original and evocative unit of head protection than most, with the colours of the Brazilian flag to indicate the yellow of the golden reserve, the green of the Amazon forest and the blue sky above Rio de Janeiro. A pure symbol, one of profound significance to him and the people who loved him.

Never, during his 22-year career right through to today, has there been a systematic treatise on the evolution of his helmet's colours and graphics. A good reason to attempt to discover now the contexts and secrets of helmets he used with the help of enthusiastic expert, Andrea Salvati.

First of all, the brands. From 1979 to 1982, so from the kart era to his first couple of seasons in cars, Senna used Arai, even if opinions differ, if one digs deeply enough, because there are some who swear Ayrton occasionally used AGV in kart.

So from 1982 to 1984, his first Formula 1 season, he wore a Bell XM1 helmets and from 1984 to 1989 the Bell XFM1. The 1990 and 1991 seasons were those of the Rheos and the 1992-1993 period the Shoei X Four. Lastly, for 1994 Senna adopted the Bell M3 with the exception of Le Castellet testing, at which he tried the Bell Feulling.

Una particolarissima cura fu adottata nella scelta dell'autore della verniciatura, specie nel periodo in F.1. Dal 1984 al 1987 ci pensa Sid Mosca, storico decoratore di caschi brasiliano, già autore delle stupende livree di piloti quali Fittipaldi, Pace e Piquet e artefice fondamentale dell'oleografia agonistica senniana, fin dagli inizi.

Nella prima parte del 1988, i caschi vengono verniciati presso la McLaren e nella seconda parte dell'anno – e per tutta la stagione successiva –, se ne occupa Pierre Vangin, per Bell Europe. Nel 1990 e 1991 torna in azione Sid Mosca, anche se in parte le calotte venivano materialmente verniciate dalla stessa Rheos, con il credit a Sid: "original painted by SID - Brasil". Nel 1992-1993 la verniciatura viene effettuata presso la Shoei e infine nel 1994 se ne rioccupa Pierre Vangin, per Bell Europe.

Quanto alla storia dell'alternarsi delle singole tonalità, è complessa ma non impossibile da ricostruire. Ayrton comincia da bambino, dagli otto ai tredici anni d'età, usando un casco giallo, con banda orizzontale bianca. Passa quindi a un modello bianco con disegni geometrici blu, per poi tornare a uno bianco, con bande verdi gialle e blu sulla base. Cambia poi nuovamente, tornando al giallo, con un'unica striscia longitudinale verde.

Quando si accinge a disputare il suo primo Mondiale kart, nel 1978, le regole impongono che i piloti rechino sul casco i colori della bandiera del paese d'origine. Così Ayrton e Sid Mosca decidono per la nuova e definitiva grafica: sfondo giallo e due righe orizzontali, in blu e verde,

Extreme care was taken in choosing the person to paint his helmets, especially during his F1 period. From 1984 to 1987 it was the job of Sid Mosca, the long-established decorator of Brazilian helmets. He was the person responsible for the stupendous livery of drivers like Emerson Fittipaldi, Carlos Pace and Nelson Piquet, and fundamental artifice of Senna's competitive oleography, right from the start.

In the first part of 1988 the helmets were painted at McLaren and during the second half – and for all the subsequent season – the job was done by Pierre Vangin for Bell Europe. Sid Mosca went back into action in 1990 and 1991, even if it was partly materially painted by Rheos with the credit going to Sid: "original painted by SID – Brazil". In 1992-1993 the paint work was carried out at Shoei and, lastly, in 1994 Pierre Vangin did it again for Bell Europe.

The story of the alternating single tonality is complex but not impossible to reconstruct. Ayrton started as a child, from 8-13 years old, using a yellow helmet with a white horizontal band. He later moved on to a white one with blue geometric designs to then return to white with green, yellow and blue bands at the base. Then he changed again and went back to yellow with a single longitudinal green stripe.

When he began to compete for his first world kart championship in 1978, the rules said that drivers should wear helmets bearing the colours of their countries' flags. So Ayrton and Sid Mosca decided on new and definitive graphics: a yellow background and two horizontal lines in blue and green, surrounded by subtly contrasting edgings to alternate with the white. According to Mosca, this graphic well

contornate da filetti sottili in contrasto, da intramezzare col bianco. Secondo lo stesso Sid Mosca, questa grafica rendeva bene l'effetto della velocità, risultando semplice, immediata e, soprattutto, chiaramente riconoscibile.

Quanto alla misura calzata, Ayrton indossava una M, ossia 58 cm di conferenza. Ovviamente i modelli venivano realizzati per lui su misura, ma la differenza era minima.

Interessante anche l'evoluzione dei colori, prima dell'approdo finale di base giallo, con blu metalizzato, verde e bianco nelle interlinee.

Anzitutto, il giallo ha cambiato tonalità, negli anni. Quasi arancione agli inizi in kart, poi più spento, in Formula Ford e F.3. Nell'85, primo anno in Lotus, Ayrton utilizza un giallo fluo per meglio accompagnarsi alla nera Lotus Jps. Nell'87, quando la Lotus passa allo sponsor Camel, dopo le prime gare, sceglie la stessa tonalità di giallo della macchina. Dal 1988 in poi adotta un giallo limone acceso e caldo, che cambia leggermente di tono di casco in casco e di anno in anno.

Nel 1990 Senna passa, causa una clausola contrattuale McLaren, alla Rheos, sottomarca Honda che produceva caschi da moto. La Rheos realizza in esclusiva per Senna e Berger veri e propri prototipi da auto, partendo da modelli da moto e modificandoli. Si tratta di caschi leggerissimi, decisamente artigianali e non privi di imperfezioni, dalle visiere alle imbottiture, fino alle prese d'aria. La Honda studia inoltre un sistema di verniciatura dei caschi innovativo, che consente di risparmiare molti grammi rendendoli ancora più leggeri.

reflected the effect of speed, being simple, immediate and, most important of all, clearly recognisable.

Ayrton wore an M-size helmet or one of 58 cm in circumference. Obviously, the model was tailor-made for him, but the differences between that helmet and a standard unit were minimal.

The evolution of the colours is interesting before finally arriving at the yellow base with metallic blue, green and white in the spacing.

First of all, the tone of the yellow has changed over the years. It was almost orange in the beginning in kart, then it was duller in Formula Ford and F3. In 1985, Senna's first year at Lotus, he used a fluo yellow to better accompany the black of the John Player Special livery. After the first couple of 1987 races, the year Lotus moved to its sponsor Camel, he chose the same tone of yellow as the car for his headgear.

From 1988 onwards he adopted a bright and warmer lemon-coloured yellow, which slightly changed the tone of the helmet year by year.

Due to a clause in his McLaren contract, in 1990 Ayrton moved to Rheos, a secondary Honda brand that produced motorcycle helmets. Rheos created prototype car helmets for Senna and Gerhard Berger, starting with motorbike models and modifying them. They were extremely light, decidedly artisan and not without imperfections that ranged from the visors to the padding and the air intakes. Honda also developed an innovative helmet painting system, which saved many grams and made them even lighter. From early 1990 until the GP of Imola, the padding was white. Then it became green and stayed that way throughout 1991. Berger's Rheo had a blue interior. Rheos

All'inzio del 1990, fino al Gp di Imola, l'imbottitura è bianca. Poi diventa verde e così resterà anche per tutto il 1991. Blu invece quella di Berger. I Rheos restano i caschi di Senna in assoluto più rari, proprio perché filosoficamente "fuoriserie".

E non finisce qui. Sono tante le curiosità, i particolari che consentono di avere una visione inedita delle problematiche affrontate dal Campionissimo. Per esempio, nell'85, appena arrivato in Lotus, Ayrton firma il contratto con la Banca Nacional, che l'accompagnerà in tutta la carriera. Il primo casco portava i loghi del nuovo sponsor in blu, anziché in nero, ed era verniciato in giallo sfumato. Per motivi televisivi si passò ai loghi neri. Nell'87, dopo un volo con le squadre acrobatiche dell'aviazione brasiliana, Senna utilizzò una volta un casco con due aerei da caccia stilizzati sulla calotta.

Per la pronunciata dimensione del suo naso, all'interno, nella mentoniera di fronte alla bocca, Ayrton richiedeva modifiche specifiche, facendo creare una V nell'imbottitura, per ricavare più spazio. Andiamo oltre. Per comunicare col muretto, Senna non usava auricolari, che gli causavano problemi, ma speaker affogati nel casco.

In realtà Ayrton non ha mai richiesto modifiche significative, se non nell'ultimo anno, il 1994, quando, partendo da un Bell M3, chiese di aggiungere una pinna in gomma sulla mentoniera per migliorarne la stabilità, cambiò il disegno delle prese d'aria anteriori per ottimizzare la ventilazione, l'audio del microfono e la forma delle imbottiture interne.

remained the rarest of Senna's helmets, because philosophically they weren't standard production units.

And that's not all. There are many curiosities in this area, including one that permitted a new kind of vision of the problems that faced the champion. For example, in '85 when he had only just joined Lotus, Ayrton signed a contract with the Banca Nacional, which accompanied him throughout his career. The first helmet carried the logos of the new sponsor in blue instead of black against a shaded yellow background. For television reasons, the logos became black. In '87, after a flight with an acrobatic squadron of the Brazilian Air Force, Senna used a helmet with two stylised fighter aircraft on his head protection.

Due to the substantial dimensions of his nose, Ayrton asked for specific modifications to the interior of his helmet in the chin rest area in front of the mouth, having the manufacturer create a V in the padding to gain more space. And he didn't use earplugs to listen to his pits as they caused him problems, but a speaker set into his helmet.

In reality, Senna never requested significant modifications to his helmets, except in his last year of 1994 when, starting with a Bell M3, he asked the company to add a rubber fin to the chin rest area to improve stability; and he changed the design of the front air intakes to optimise ventilation, the audio of the microphone and the shape of the interior padding.

While testing at Le Castellet that year, he also tried the Bell-Feulling as used by Formula Indy drivers. It had a flat rear and a large frontal fin

Nei test di Le Castellet di quell'anno prova anche il Bell Feulling, modello usato dai piloti in F.Indy, dal retro piatto e con una grande pinna frontale, per cercare di migliorare le turbolenze che la nuova Williams provocava alla testa del pilota. Dopo pochi giri però lo scarta, poiché la pinna anteriore, voluminosa, creava troppa deportanza sulla testa, schiacciandolo letteralmente all'interno dell'abitacolo.

Quanto alle identificazioni adottate, i caschi venivano numerati in McLaren, con un pennarello, dal team coordinator Jo Ramirez. Fino all'89 sulla fibbia della chiusura, nel '90, '91, '92, '93 con un pennarello bianco sulla gomma dietro alla nuca. Soprattutto nel biennio '92-'93, i numeri non seguivano un ordine cronologico. Nel 1993 Ayrton usa lo Shoei, ma in realtà senza un contratto ufficiale con la Casa giapponese. Infatti, a differenza dell'anno precedente, non vi è alcun adesivo Shoei sui lati. Ecco perché nel Gp del Brasile 1993, da lui vinto, Ayrton indossa ancora un modello 1992, con nastro adesivo giallo a coprire i loghi Shoei.

Nel 1994, infine, i caschi inziano a essere rigorosamente numerati dal decoratore. Sul retro, in basso, compare la scritta con il numero di serie: 94-1, 94-2, e così via.

Non si è mai saputo con certezza se Ayrton abbia avuto l'incidente mortale mentre indossava il casco numero 3 o 4. Non si trovano foto che lo certifichino e in proposito gli esperti, in mancanza di riscontri diretti, ancora oggi si dividono in due scuole di pensiero.

in an effort to diminish the effect of turbulence that the new Williams provoked around the driver's head. But he dropped the Bell-Feulling after just a few laps, because the voluminous front fin created too much downforce to the head, literally pressing it into the cockpit.

As far as identification was concerned, until 089 the helmets were numbered on the buckle with a felt tipped pen at McLaren by team coordinator Jo Ramirez. But a white pen was used from 1990-1993 to mark the rubber at the back of the neck. Especially in '92-'93, the numbers were not consecutive. In 1993, Ayrton used a Shoei, but in reality without having an official contract with the Japanese firm.

Unlike the previous year, there were no Shoei stickers at the sides of his helmet. That's why he still wore the 1992 model with yellow adhesive tape covering the Shoei logos when he won the 1993 Grand Prix of Brazil.

Then in 1994, the helmets were strictly numbered by the decorator. Down low on the back there appeared writing with the series number: 94-1, 94-2 and so on.

We have never known for certain whether Ayrton was wearing helmet number 3 or 4 when he had his fatal accident. Photographs can't be found that confirm the matter one way or the other and as far as the experts are concerned, with no direct comparison, the two schools of thought are still divided today.

«Se ho fatto le cose che ho fatto è perché ho avuto, nella vita, una grande possibilità.

Crescere nel modo giusto, vivere bene, godere di una buona salute, imparare

molto. E sono stato aiutato, nei momenti giusti, ad andare nella giusta direzione».

«If I've done the things I've done it's because I've had a great chance in life. To

grow up the right way, live well, enjoy good health, learn a lot. And I was helped

at the right moments to go in the right direction».

Ayrton e la famiglia

Non vi prendo in giro dicendo che Viviane non è solo la sorella di Senna. No, Viviane è molto di più. Incarna ciò che resta di Ayrton. Il personale di terra di una leggenda alata che è volata via. Non ci provo neanche a convincervi che l'arco del sorriso di Viviane è lo stesso del campione, per capirla basta guardarla ancora oggi.

Vi racconto una storia, meglio, una strana storia che mi ha svelato Paula, la 29enne figlia di Viviane. Ayrton era scomparso da pochi mesi e suo padre Milton non si dava pace per il dolore. Nei momenti in cui la mancanza del figlio lo trafiggeva in modo insopportabile con mille spilli di nostalgia, prendeva un registratore, lo accendeva e sentiva la sua voce. Quand'ebbe ascoltato tutti i nastri che aveva, divenne più triste. Non ci sarebbero state più parole nuove, avrebbe ripassato sempre le stesse.

Ma un giorno, per caso, registrò anche la voce di Viviane. Poi, chissà perché, la riascoltò rallentandola del trenta per cento. Chiamò gli altri della famiglia, spinse il tasto play e tutti ebbero un tuffo al cuore. Quella sembrava la voce di Ayrton che diceva cose nuove.

Ora Viviane è anche questo, per noi tutti che leggiamo queste righe. Una voce da registrare e rallentare per sentire Ayrton ancora vicino. E noi facciamo come il vecchio Milton, quando spingeva un tasto, stringeva gli occhi e con rimpianto guardava lontano. Ascoltiamola, leggiamola Viviane. Al rallentatore, con una suggestione che ci riporta a una leggenda interrotta venti anni fa ma mai dimenticata.

• L'ingresso nel terzo millennio ha stabilito realtà nuove per il nome di Ayrton Senna, eletto "Pilota del Secolo" sia in Brasile che in Europa.

Senna and his family

'm not joking when I say Viviane is not just Senna's sister. She is much more. She is what's left of Ayrton. The terrestrial representative of a winged and flown legend. I won't even try to convince you that Viviane's smile is the same as the champion's, to understand that just look at her today.

Let me tell you a story. Better still, a strange story revealed to me by Paula, Viviane's 29 year old daughter. Ayrton had died a few months earlier; his father Milton was in pain and could find no peace. When the loss of his son became unsustainably painful with a thousand moments of nostalgia, he picked up a tape recorder, switched it on and listened to Ayrton's voice.

After he had heard all the tapes, he became even sadder. There would be no more new words; he would always play the same ones.

But one day by chance, he also recorded Viviane's voice. Then, who knows why, he listened to her again, but this time 30% slower. He called the other members of the family, pressed the play button and everyone's heart missed a beat. The voice sounded like Ayrton's saying new things.

Now, Viviane is also this for us who are reading these lines. A voice to record and slow down to hear Ayrton close up once again. And we do the same as Milton when he pressed that button, he closed his eyes and mournfully looked far away. We listen to her, interpret him, Viviane. At slow speed, with a suggestion that takes us back to a legend interrupted 20 years ago, but never, ever forgotten.

• The start of the third millennium established something new for Ayrton Senna's name; he was named Racing Driver of the Century in both Brazil and Europe.

«In Brasile è accaduto in netto anticipo, mi ha fatto piacere che il riconoscimento sia poi stato conferito anche nel continente europeo».

• Ayrton fu un campione che si costruì da solo, aiutato agli inizi dalla famiglia, ma ben presto divenendo un pilota professionista in grado di fare leva sui risultati. Papà Milton può essere considerato a sua volta un *self-made man*, diventato ricco dal nulla. Lei è una donna colta, manager dell'istituto dedicato a suo fratello e laureata in psicologia. C'è qualcosa di speciale nella famiglia Senna. Cosa, secondo lei?

«I valori della mia famiglia sono stati uno stimolo eccezionale alla nostra intraprendenza individuale. In realtà nessuno di noi è speciale. Forse la vera differenza l'ha fatta l'educazione che abbiamo avuto dai genitori, basata su determinazione, onestà, impegno, ricerca continua della perfezione. Valori utili sempre e ovunque».

• E le radici del patrimonio di famiglia?

«Mio padre si è costruito una fortuna con un'azienda che realizzava maniglie delle portiere e accessoristica per auto. Col boom del mercato degli Anni Sessanta cominciò a lavorare per Case come Ford e Volkswagen. Tutto cambiò in meglio, per noi. La verità è che abbiamo avuto dalla vita molte chance che ad altri sono precluse o comunque non sono state concesse».

• L'educazione che avete ricevuto è stata di matrice laica o religiosa?

«La sorprenderò ma dico laica, anche se, essendo la nostra una famiglia d'origine italiana, l'humus è stato quello della cultura cattolica. Io e Ayrton, fin dalla più tenera età, abbiamo frequentato scuole cattoliche, poi abbiamo ampliato il patrimonio delle nostre esperienze. Mi sono avvicinata al protestantesimo e gli ho anche trasmesso i risul-

"It happened in Brazil way ahead of time and I was pleased that such recognition also came from the Old Continent."

• Ayrton was a self-made champion, helped in the beginning by his Father Milton and his family, but he soon became a professional driver, able to trade on his results. Milton can be considered a self-made man, too, as he became rich having started with nothing. Viviane is a cultured woman, a manager of the institute dedicated to her brother and a psychology graduate. There's something special in the Senna family. I asked her what she thought it was.

"The values of my family have been an exceptional stimulus in our individual enterprises. In reality, none of us is special. Perhaps the education that we had from, our parents made the real difference. It was based on determination, honesty, commitment, the continuous search for perfection, values which are always useful everywhere".

• And the roots of the family's patrimony?

"My father built a fortune with a company that made door handles and car accessories. With the '60s market boom, he started to work for manufacturers like Ford and Volkswagen. Everything changed for the better for us. The truth is that we have had many opportunities in life that others were precluded from or that they just didn't have".

• Was your education secular or religious?

"I'll surprise you, but secular. Even if our family is of Italian origin, the basis was that of a Catholic culture. Ayrton and I went to Catholic schools from an early age, then we broadened our experience. I gravitated towards Protestantism and I also passed on to him the results of my progress. We never stopped looking for God. Not in a bigoted way, but like an obligatory stage in our lives to understand the essence, the deepest significance of life".

tati del mio percorso. Non abbiamo mai smesso di cercare Dio. Non in modo bigotto, ma come tappa irriunciabile per capire l'essenza, il significato più profondo della vita».

• Ayrton visse una fase mistica all'apice della carriera, nel 1989. Si diceva in grado di dialogare con Dio e un sabato pomeriggio in qualifica a Hockenheim rivelò d'aver visto la Madonna.

«Mio fratello aveva un triplice legame fortissimo con la sua famiglia, il suo Paese e con Dio. Parte della sua immensa forza mentale e caratteriale scaturì proprio da questi punti di riferimento. Per esempio, lui disse più volte che ritirandosi in famiglia acquistava immensa energia. Dio era una delle fonti di questa forza per fronteggiare le sfide che gli si presentavano davanti».

• Venti anni dopo la sua scomparsa, Senna resta il pilota più amato dai brasiliani. Più di Fittipaldi, immensamente più dello stesso Piquet, mentre gli altri sono considerati solo dei bravissimi piloti. Può spiegare il perché?

«Dal punto di vista emotivo, dico che è un mistero. Sul piano razionale, penso che dal mare di lettere e messaggi che ci arrivano ancora oggi all'Instituto Senna si evince un concetto molto chiaro. Mio fratello si è elevato a un livello paradigmatico, ha rappresentato il modello di un modo di vivere e di pensare, oltre che uno stile di correre in pista. Un giorno un ragazzo mi scrisse: "Ho messo il poster di Ayrton sopra il letto e ogni mattina lo guardo e dico che posso e devo vincere, al fine di trovare la via per superare le difficoltà, proprio come lui è sempre stato capace di fare. Ma...».

• Ma?

«C'è un altro fattore che considero molto importante. Lui mostrò un lato positivo del Brasile che prima era nascosto. Ayrton svelò al mondo la faccia luminosa del nostro Paese. Fate presto, voi in Europa. Potete vantarvi del vostro cibo,

• *Ayrton went through a mystic phase in 1989 at the height of his career. He said he was able to talk with God and one Saturday afternoon during qualifying at Hockenheim he said he had seen the Madonna.*

"My brother had an extremely strong triple link with his family, his country and God. It started from his immense strength of mind and character that flowed precisely from those points of reference. For example, he often said that spending time with the family gave him immense energy. God was one of the sources of this strength with which to face up to the challenges before him".

• *Twenty years after his death, Senna remains the best loved Brazilian driver. More so than Fittipaldi, considerably more than Piquet, while the others are just considered good racing drivers. Can you explain why?*

"From the emotive point of view, I would say it's a mystery. But rationally, I think that, from the sea of letters and messages that arrive at the Senna Institute even today, a very clear concept emerges. My brother has been elevated to a paradigmatic level. He represented the model of a way to live and think as well as a style of driving on the track. A boy wrote to me one day saying, 'I put a poster of Ayrton above my bed and every morning I look at it and I say that I can, I must, win with in order to find the means of overcoming my difficulties, as he was always able to do'. But...'

• *But?*

"There's another factor I consider most important. He showed a positive side of Brazil that was previously hidden. Ayrton showed the world the bright face of our country. It's easy for you people in Europe. You can boast of your food, your industry, your technology. Not us. Reasoning in terms of mass psychology, I believe ours is an inferiority complex

della vostra industria, della vostra tecnologia. Noi no. Ragionando in termini di psicologia di massa, credo che il nostro sia un complesso d'inferiorità che deriva dalla colonizzazione portoghese. Poi venne un uomo chiamato Ayrton e nel mondo divenuto improvvisamente e mediaticamente Villaggio Globale dimostrò, al di là dei luoghi comuni, che noi brasiliani potevamo vincere, avere una consistenza mentale in grado di superare qualsiasi genere di ostacolo. Un successo di radice squisitamente individuale, quindi d'impronta ben diversa da quella tradizionale del nostro clacio "bailado". Vede, ogni giorno compare sulla stampa il cosiddetto lato oscuro del Brasile: corruzione, devastazione, povertà. Ayrton ha mostrato al mondo lo "shining" della nostra terra, tramutandone un'identità di massa da negativa a positiva. Per quanto mi riguarda vorrei sottolineare che non è stato solo un grande campione. Per noi brasiliani è e credo resterà il più grande ambasciatore di tutti i tempi. I poster degli altri piloti sono solo foto appese al muro, quello di Ayrton no, è magicamente molto di più. Rappresenta uno specchio, per chi lo guarda. La promessa di un'ispirazione, un viaggio difficile e premiante».

• Complessivamente suo fratello riuscì a sconfiggere il suo grande rivale Alain Prost sull'asfalto della pista, mentre il francese a più riprese si dimostrò più a suo agio sul velluto dei divani di trattativa nelle salette privé del paddock, dove da sempre si tessono le trame della politica e del potere. Più furbo, politico e volpino del grande rivale, non crede?

«È ora di chiudere per sempre la questione del dualismo Prost-Senna. Ho elaborato una mia idea. Alain e Ayrton avevano un bisogno immenso l'uno dell'altro. Erano dotati di un potenziale che, come per tutti, rappresenta una sommatoria di possibilità virtuali. Combattendosi spietatamente sui circuiti di tutto il mondo si costrinsero a vicenda

that comes from the colonisation by the Portuguese. Then along comes a man named Ayrton and the world suddenly becomes a Global Village media-wise, beyond common areas, in which we Brazilians could win, have a mental consistency able to overcome any obstacle. A basic success that was exquisitely individual, so one that was completely different from the traditional football 'bailado'. Every day you see in the press the so-called dark side of Brazil; corruption, devastation, poverty. Ayrton showed the world how our land 'shines', transforming a mass identity from negative to positive. As far and I'm concerned, I would like to emphasise that he was not only a great champion. To us Brazilians he is, and I believe he will remain, the greatest ambassador of all time. The posters of the other drivers are just photos stuck up on the wall. Those of Ayrton no, magically they are much more. They represent a mirror for those who look at them. The promise of inspiration, a difficult but rewarding journey".

• You brother was able to defeat his great rival Alain Prost on the track, while the Frenchman often showed he was more at ease in the private inner sanctums of the paddock, where they always weave the fabric of politics and power. More shrewd, political, foxy than his rival, don't you think? "It's time to close this question of Prost-Senna duelling once and for all. I worked out my idea. Alain and Ayrton had an immense need of each other. They had potential which, as for everyone, is the sum of virtual possibilities. Battling against each other mercilessly on the circuits of the whole world, they were forced in turn to extract the best, the quintessential of themselves. Ayrton would never have become so strong if he had not met Alain along the way and vice-versa".

• Paradoxically, it balanced out. From Prost's retirement,

a tirare fuori il meglio, la quint'essenza di ciascuno. Ayrton non sarebbe mai diventato così forte se sulla sua strada non avesse incontrato Alain, e viceversa».

• Paradossalmente, i conti tornano. Dal ritiro di Prost, Senna non vinse mai più un Gran Premio. Dal giorno della morte di Ayrton, Alain non ha più ottenuto alcun successo nelle corse di livello top stando fuori dall'abitacolo.

«Non credo sia un caso».

• Diciamo le cose come stanno. La realtà su suo fratello non è stata solo idilliaca e celestiale. Per esempio la stampa ha sempre nutrito un'attenzione quasi morbosa per la sua sfera più intima e personale. Più che per altri campioni. Piquet ha avuto in vita sua tutte le mogli e le donne che ha voluto senza che nessuno gli rompesse l'anima. Ayrton, no. Il contrario. Sempre o quasi chiacchiere e grane. Fin dal giorno del suo fulmineo divorzio da ventenne, dopo un solo anno di matrimonio. Perché, secondo lei?

«Mio fratello ha sempre separato la vita privata da quella pubblica».

• Sarò più preciso. A seconda delle scuole di pensiero, Ayrton è stato definito rispettivamente un instancabile playboy castigavergini, un eclettico bisessuale e un omo mascherato, un gay, insomma.

«Ahahahaha!!!».

• Che fa, ride?

«Il modo in cui mi pone la domanda è divertente. Nessun ragazzo di trenta-trentacinque anni di età con le pressioni pazzesche che aveva Ayrton nel suo lavoro può sprigionare il potere sessuale attribuitogli da quelle dicerie, non crede?».

• Signora, sia buona, non lo chieda a me.

«Tanti anni fa un giornalista domandò a mio fratello se fosse davvero gay. Lui rispose rifilandogli un pugno in faccia».

Senna didn't win another Grand Prix. From the day Ayrton died, Alain never achieved any more success in top level racing outside the cockpit.

"I don't believe that's a coincidence".

• Let's talk straight. The reality of your brother was not only idyllic and celestial. For example, the press has always paid almost morbid attention to his most intimate and personal affairs. More so than with other champions. Piquet has always had all the wives and women he wanted without anyone making a fuss about it. Ayrton, no. Quite the contrary. Almost always gossip and trouble. Since the day of his lightening divorce when he was 20 years old and after just one single year of marriage. Why, do you think?

"My brother always kept his private and public lives separate".

• I'll be more precise. Depending on the school of thought, Ayrton has been defined respectively as an untiring virgin-chasing playboy, an eclectic bi-sexual and a masked man, a gay.

"Ha-ha-ha-ha".

• Why do you laugh?

"The way you ask me the question is amusing. No young man of 30 to 35 years old under the incredible pressure that Ayrton experienced at work can release the sexual power attributed to him by those rumours, don't you think?"

• Please don't ask me.

"Many years ago, a journalist asked my brother if he really was gay. He replied by punching him in the face".

• I appreciate the fact that you seem dialectic in this awkward situation.

"Anyway, there's another reason that explains such speculation, and it is even more important than that which I mentioned earlier. It is the envy of Ayrton by the people

• Apprezzo il fatto che lei in questo frangente mi pare più dialettica.

«Comunque c'è un'altra ragione che spiega certe spec, lazioni, ed è ancor più importante di ciò che le ho detto prima. E ciò risiede nell'invidia che provava per Ayrton la persona che mise in giro certe voci. Fu un colpo basso, una vigliacca pugnalata alla schiena. Un modo disonesto di combattere mio fratello. Perché non c'erano il coraggio e le capacità per fronteggiarlo in pista».

• Ogni riferimento della mia prossima affermazione a ciò che lei ha appena detto è puramente casuale. Negli anni successivi alla morte di Ayrton, Nelson Piquet ha un po' moderato i toni della sua posizione, tradizionalmente contrapposta a quella di Ayrton e alla sua figura di uomo e campione.

«Posso dirle che alla mia famiglia non interessa ciò che dice Nelson Piquet».

• A quale ricordo istintivo collega suo fratello?

«Può sembrarle strano o buffo, ma non lo vedo pilota. Mi viene in mente un bambino che fa "bruum bruum", il rumore di un'auto da corsa. Un frugoletto che tutto il giorno gioca con le macchinine sul pavimento. Ricordo che ogni volta che nostra madre Neyde gli comprava un paio di scarpe, lui aveva un modo originale di provarle. Se le infilava ai piedi, poi correva per fermarsi di colpo. Se si bloccava subito senza strisciare, se le faceva prendere, sennò diceva che frenavano male. Insomma, desiderava già calzature dotate dell'antispin!».

• Ricorda il vostro ultimo dialogo prima dell'incidente?

«Sì, ci fu una telefonata. Ma preferisco non rivelare le sue ultime parole».

• La Formula 1 garantì ad Ayrton una nuova vita, ma in Formula 1 Ayrton ha poi perso la sua, di vita. Come sorella, qual è il suo giudizio?

who started the rumours. It was a punch below the belt, a cowardly knifing in the back. A dishonest way of fighting my brother, because they didn't have the courage or the ability to face up to him on the track".

Any reference my next statement makes to what you have just said is purely casual. In the years after Ayrton's death, Nelson Piquet moderated the tone of his position a bit, which traditionally conflicted with that of Ayrton and his image as a man and a champion.

"I can tell you now that my family is not interested in what Nelson Piquet says".

• What memory do you have that instinctively connects you and your brother?

"It may seem strange or funny, but I don't see the racing driver. A child comes to mind, one that goes "broom-broom" making the noise of a racing car. A kid playing with his toy cars on the pavement all day. I remember that every time our mother Neide bought him a pair of shoes, he had an original way of trying them out. He slipped his feet in, then ran before stopping dead. If he stopped immediately without sliding, he asked her to buy them. If not, he said they braked badly. So he already wanted shoes with anti-spin".

• Do you remember your last conversation with Ayrton before the Imola accident?

"Yes, it was a phone call, but I prefer not to reveal his last words".

•Formula 1 guaranteed Ayrton a new life, but he lost his life in F1. As his sister, what's your opinion?

"You're right. Racing gave him a lot and it took everything, his life included. But he knew the risks, the rules of the game and chose freely to go ahead. In 1981, before Ayrton reached Grand Prix level, my father tried to dissuade him

«Lei ha ragione. Le corse gli hanno dato tanto e gli hanno preso tutto, compresa la vita. Ma lui conosceva i rischi, le regole del gioco e scelse liberamente di andare avanti. Quando ancora non era arrivato al mondo dei Gran Premi, nel 1981, mio padre provò a distoglierlo dalla carriera per farlo lavorare nell'azienda di famiglia. Ayrton per due-tre mesi disse addio alle corse, pensando che non sarebbe mai più rientrato in pista. Ebbene, faceva tutto meccanicamente, sembrava un morto vivente, uno zombie. Aveva completamente smarrito le motivazioni. Così i nostri genitori pensarono di rigenerarlo e di fargli tornare il sorriso permettendogli di tornare a correre in Europa».

• Il lungo e complesso processo per accertare cause e responsabilità sulla morte di suo fratello francamente non ha fornito l'occasione per vedere una bella immagine del mondo della Formula 1. I "non ricordo" di Damon Hill, la delirante deposizione di Coulthard che è arrivato a dire che fosse normale che un volante potesse ballare, i dati della vettura di Ayrton in gran parte spariti, i fotogrammi immediatamente precedenti all'impatto contro il muretto del Tamburello misteriosamente volatilizzati dalla camera car... Un mondo che si chiude a riccio, insomma. Tristemente, quello stesso mondo che anche e soprattutto Senna, negli anni precedenti alla tregedia, aveva aiutato a divenire infinitamente più ricco.

«Sa come la penso? Ancora non sappiamo con esattezza scientifica cosa sia effettivamente successo il 1° maggio 1994 a Imola, perché mio fratello sia morto. Le conclusioni cui si è giunti non spiegano un bel niente. Non sappiamo la ragione, la vera ragione dell'incidente. Così è come essere fermi al punto di partenza, per certi versi, al di là degli esiti processuali».

• Colpisce comunque che lei non reclami giustizia. A

from the career to get him to work in the family business. Ayrton stayed away from racing for two or three months, thinking he would never get back to the track. He did everything mechanically and seemed like one of the living dead, a zombie. He had completely lost his motivation. So our parents decided to regenerate him and make him go back to smiling by allowing him to return to racing in Europe".

• Frankly, the long and complex process of ascertaining the cause and responsibility for your brother's death didn't produce the opportunity to see a good image of the world of Formula 1. That 'I don't remember' of Damon Hill's, the wild statement by David Coulthard, who said it was normal for a steering wheel to shake, most of the data of Ayrton's car disappearing, the photographic frames of immediately before the impact against the Tamburello wall that vanished mysteriously from the onboard camera. A world that shut up like a clam. Sadly, tragedy in that same world, which Senna had previously helped to become infinitely richer.

*"Do you know what I think? We still don't know with scientific exactitude what happened on 1 May 1994 at Imola, why my brother is dead. The conclusions they reached don't explain anything. We don't know the reason, the **real** reason for the accident. So it's like standing still at the starting point for some reason, apart from the outcome of the court case".*

• It's odd that you don't demand justice. It seems that you're saying that the situation is at a standstill long before the facts have been ascertained.

"My family holds no grudge against anyone. It would simply be good to know with absolute certainty what happened that day".

• In all these years you must have formed some idea.

quanto pare dice che la situazione è ferma molto prima: all'accertamento della questione di fatto.

«La mia famiglia non ce l'ha con nessuno. Sarebbe solo bene sapere con certezza assoluta cosa accadde quel giorno».

• In tutti questi anni si sarà fatta un'idea.

«Sì. Francamente sì, ma è una cosa privata».

• Le monoposto Williams da dopo l'incidente hanno portato gli adesivi della fondazione dedicata a Ayrton, i rapporti tra l'ultima squadra del campione e la sua famiglia sono sempre sembrati buoni.

«Ottimi. Con Williams, Dennis, Prost e tutta la Formula 1. Frank ha sofferto moltissimo il fatto che Ayrton sia morto al volante di una sua vettura. Insomma, le dico come la penso: è vero, sappiamo perfettamente che la monoposto si ruppe e sappiamo anche cosa cedette, ma, attenzione, questo è solo l'inizio dell'incidente. Nell'opinione di molti, non è questa la causa vera. Vede, la rottura di un piantone dello sterzo può verificarsi in una corsa di Formula 1. Il punto è un altro. Credo che non sappiamo tutto, penso che ancora manchi qualcosa».

• Di certo resta strano che non vi siano immagini della camera car di Ayrton immediatamente precedenti all'impatto.

«Solo strano? Molto strano».

• Lei crede che un giorno sarà possibile raggiungere un livello accettabile di verità assoluta su quello che accadde il 1° maggio 1994 a Imola in occasione del Gp di San Marino?

«Solo Dio lo sa».

• Qual è stato il miglior amico di Ayrton, nella vita e nelle corse?

«Per la prima parte della domanda, rispondo nostro padre Milton. Per la seconda, Gerhard Berger».

• Ci parli dell'Istituto da lei gestito e intitolato a Ayrton.

«L'idea di fare qualcosa per i meno abbienti, soprattutto

"Yes, frankly, yes, but it's a private matter".

• After the accident, the Williamses carried stickers of the foundation named after Ayrton. The relations between his last team and your family have always seemed good.

"Optimum. With Williams, Dennis, Prost, all of Formula 1. Frank suffered a great deal due to the fact that Ayrton died at the wheel of one of his cars. I'll tell you what I think: it's true, we know perfectly well that the car broke and we also know what gave way, but be careful; that was only the beginning of the accident. In many people's opinion, that wasn't the true cause. You see, the breakage of the steering column can happen in a Formula 1 race. The point is another. I don't believe we know everything. I think something is still missing".

• It's certainly strange that there are no images of immediately before the impact from Ayrton's onboard camera.

"Only strange? Very strange".

• Do you think that one day it will be possible to reach an acceptable level of the absolute truth about what happened on 1 May 1994 at Imola during the Grand Prix of San Marino?

"Only God knows".

• Who was Ayrton's best friend in life and in racing?

"To the first part of the question, my answer is our father Milton. To the second, Gerhard Berger".

• Tell us about the institute that you run and that bears Ayrton's name.

"The idea to do something for the less well-off, especially children, came about talking to Ayrton three months before the accident. He asked me to think about it, to reflect on the structure of a possible organisation. So after his death, my family decided to carry out the idea of a foundation that would benefit from 100% of the earnings of the

bambini, nacque parlando con lui tre mesi prima dell'incidente. Mi disse di pensare, di riflettere sulle modalità di un possibile impegno. Così dopo la sua morte io e la mia famiglia abbiamo deciso di portare avanti l'idea della Fondazione. Alla quale è stato destinato il 100% del guadagno proveniente dal marchio Senna, del personaggio a fumetti Senninha e dei diritti di sfruttamento dell'immagine di Ayrton in tutto il mondo».

• Un programma collegato alla situazione socio-politica del Brasile, che, al di là del recente grande sviluppo economico, resta la patria delle grandi diversità tra ricchi e povere e dei destini più divergenti.

«La mia nazione è tra le prime potenze economiche del mondo quanto a capacità potenziali di futura crescita ma resta oltre la cinquantesima posizione secondo la graduatoria Onu degli indici di sviluppo sociali. È come avere un Paese che allo stesso tempo è un po' Svizzera e un po' Afghanistan. Due realtà stridenti, spesso separate solo da una strada o da un fiume. Da noi il problema non è quello della crescita economica, ma quello dell'incremento della qualità della vita individuale. Dobbiamo occuparci di milioni di persone che vivono nella parte "afghana" del Brasile, per insegnargli la via "svizzera". Il grande sogno di Ayrton e quindi, quello nostro, da lui ereditato, era quello di creare chance per i meno fortunati. In fondo lui ebbe una famiglia in grado di dargli valori, educazione, alimenti e, soprattutto, la possibilità di essere sino in fondo se stesso».

• Ha avuto un seguito il personaggio a fumetti Senninha, a lui isprato?
«Sì, è divenuto un modello per i bambini brasiliani. Dal 2003 è pure divenuto un cartone animato trasmesso su Rete Globo».

• Quali erano le canzoni, i libri, i film preferiti da Ayrton?

Senna brand, the Senninha comics and the exploitation rights of Ayrton throughout the world".

• A programme connected to the socio-political situation in Brazil which, apart from the recent considerable economic development, remains the home of great diversity between the rich and the poor and the most divergent destinies.

"My country is among the world's major economic powers as far as future potential growth is concerned, but it is in the 50th place in the UN list of social development indices. It's almost like a country that's a bit of Switzerland and a bit of Afghanistan all in one, the two strident realities often separated by just a road or a river. In Brazil the problem is not one of economic growth, but that of an increase in the individual's quality of life. We have to take care of millions of people who live in the "Afghan" parts to teach them the Swiss way. Ayrton's great dream and, therefore, our dream, as we inherited it from him, was to create opportunities for the less fortunate. After all, he had a family that was able to give him values, education, food and especially the chance to be himself right through to the end".

• Did the Senninha comics he inspired have a following?
"Yes, the character became a model for Brazilian children. And it's been an animated cartoon transmitted by the Globo TV channel since 2003"

• Which songs, books and films did Ayrton like?
"He adored music. Tina Turner, Queen, Phil Collins, Enja. He wasn't a book lover. He read motor racing publications and sometimes the Bible. He had a liking for action films, given that he was a man of action. And when he went to the beach he just about did nothing else but Jet Ski".

• Twenty years after his death, there is still a gnawing

«Adorava la musica. Tina Turner, i Queen, Phil Collins, Enja. Non era un divoratore di libri. Leggeva giornali dedicati alle corse e a volte la Bibbia. Aveva un debole per i film d'azione, visto che lo era, un uomo d'azione. Anche quando andava in spiaggia, non faceva che scorrazzare sul jet-ski, la moto d'acqua».

• Tra gli sportivi italiani, a due decenni dalla sua scomparsa, resta il rimpianto struggente per non averlo visto in Ferrari.

«In quei tempi la Rossa non era in grado di essere vincente da subito, mentre Ayrton aveva fame di successi. Rifiutò una grande somma da parte della Casa di Maranello, preferendo guadagnare meno e avere una monoposto al top come la Williams, per affrontare da vincente la stagione 1994. Ma, ricordatelo, il suo sogno era guidare un giorno per la Ferrari».

• La sera dei Caschi d'Oro di *Autosprint* 2001, al suo ritorno in Italia dopo anni di assenza, Piero Ferrari l'ha abbracciata e le ha detto alla mia presenza: "Abbiam fatto di tutto, al tempo, per portare Ayrton alla corte di Maranello. Peccato...".

«Ricordo un pomeriggio a Montecarlo, poco prima dell'incidente. Passeggiavamo sul lungomare e lui mi disse: "Adesso devo vincere con la Williams. Poi la mia prossima e ultima sfida sarà quella di portare al trionfo la Ferrari". Purtroppo è andata diversamente».

• Le capita mai d'incontrare Ayrton in sogno?

«Sì, mi capita».

• La prossima volta che lo vede, gli dica che gli vogliamo bene.

regret among Italian sports fans at not having seen him in a Ferrari.

"In those days the Ferraris didn't win immediately, while Ayrton was hungry for success. He turned down a large sum of money offered to him by Maranello, because he preferred to earn less and have a top car like the Williams so that he could go into the 1994 season as a winner. But remember, his dream was to drive for Ferrari one day".

• On your return to Italy after years of absence, at the Autosprint 2001 Golden Helmets presentation evening, Piero Ferrari embraced you and said in my presence, 'We did everything at the time to bring Ayrton to Maranello. What a shame'.

"I remember an afternoon in Monte Carlo just before the accident. We were walking along the sea front and he said to me, 'Now, I have to win with Williams. Then my next and last challenge will be to win with Ferrari'. Unfortunately, it wasn't to be.

• Do you ever meet Ayrton in your dreams?

"Yes, I do".

• The next time you see him, tell him that we love him.

TUTTI I RISULTATI DI AYRTON/*ALL AYRTON'S RESULTS*

Kart

1974

Campionato Paulista - Categoria Junior - Sao Paulo Championship/Junior Category	1°/st

1975

Campionato brasiliano/Categoria Junior - Brazilian Championship/Junior Category	2°/nd

1976

Campionato Paulista/Categoria 100 cc - Sao Paulo Championship/100 cc Category	2°/nd
Campionato brasiliano/Categoria Junior cc - Brazilian Championship/Junior Category	3°/rd
Tre Ore di Karting, San Paolo/Categoria 100 cc - Three Hours of Karting, Sao Paulo/100 cc Category	1°/st

1977

Campionato sudamericano, Uruguay (San Jose)/Categoria Inter - South American Championship, San Jose, Uruguay/Inter Category	1°/st
Campionato brasiliano/Categoria Inter - Brazilian Championship/Inter Category	2°/nd
Campionato Paulista/Categoria Inter - Sao Paulo Championship/Inter Category	2°/nd
Tre Ore di Karting, San Paolo/Categoria Inter - Three Hours of Karting, Sao Paulo/ Inter Category	1°/st

1978

Campionato del Mondo, Francia (Le Mans)/Categoria Inter - World Championship, Le Mans, France/Inter Category	6°/th
GP del Giappone, Sugo/Categoria Inter - GP of Japan, Sugo/Inter Category	4°/th
Campionato brasiliano/Categoria Inter - Brazilian Championship/Inter Category	1°/st
Tre Ore di Karting, San Paolo/Categoria Inter - Three Hours of Karting, Sao Paulo/Inter Category	1°/st
Campionato San Paolo/Categoria Inter - Sao Paulo Championship/Inter Category	2°/nd

1979

Campionato del Mondo, Portogallo (Estoril)/Categoria Inter - World Championship, Estoril, Portugal/Inter Category	2°/nd
Campionato sudamericano, Argentina (San Juan)/Categoria Inter - South American Championship, San Juan, Argentina/Inter Category	2°/nd
Campionato San Marino/Categoria Inter - San Marino Championship/Inter Category	1°/st
Campionato brasiliano/Oberlandia (Mato Grosso) Categoria Inter - Brazilian Championship, Mato Grosso, Oberlandia/Inter Category	1°/st (1°/st round)
GP di Svizzera/Wholen/Categoria Inter - GP of Switzerland, Wholen/Inter Category	2°/nd
GP d'Italia, Parma/Categoria Inter - GP of Italy, Parma/Inter Category	2°/nd
Coppa dei Campioni, Italia (Jesolo)/Categoria Inter - Champions' Cup, Jesolo, Italy/Inter Category	10°/th

1980

Campionato sudamericano/Categoria Inter - South American Championship/Inter Category	1°/st
Campionato brasiliano/Categoria Inter - Brazilian Championship/Inter Category	1°/st
Campionato del Mondo, Belgio (Nivelles)/Categoria 135 cc - World Championship, Nivelles, Belgium/ 135 cc Category	2°/nd

1981

Campionato del Mondo, Italia (Parma)/Categoria 135 cc - World Championship, Parma, Italy/135 cc Category	4°/th
Coppa dei Campioni, Italia (Jesolo)/Categoria 135 cc - Champions' Cup, Jesolo, Italy/135 cc Category	ritirato/retired
GP di Svizzera, Wholen/Categoria 135 cc - GP of Switzerland, Wholen/135 cc Category	1°/st

1982

Campionato di Porto Alegre/Categoria 135 cc - Porto Alegre Championship/135 cc category	1°/st
Campionato del Mondo, Svezia (Kalmar)/Categoria 135 cc - World Championship, Kalmar, Sweden/135 cc Category	14°/th

FORMULA FORD 1600

1981

Data *Date*	Campionato/Gara *Championship/Race*	Circuito *Circuit*	Vettura *Car*	Risultato *Result*	Note
1/03	F&O Ferries (1ª gara/1st race)	Brands Hatch	Van Diemen Rf80-Ford	5	Prima gara/First race
8/03	Townsend-Thoresen (1ª gara/1st race)	Thruxton	Van Diemen Rf81-Ford	3	
15/03	Townsend-Thoresen (2ª gara/2nd race)	Brands Hatch	Van Diemen Rf81-Ford	1	Prima vittoria//First victory
22/03	Townsend-Thoresen (3ª gara/3rd race)	Mallory Park	Van Diemen Rf81-Ford	2	Pole
5/04	Townsend-Thoresen (4ª gara/4th race)	Mallory Park	Van Diemen Rf81-Ford	2	
3/05	Townsend-Thoresen (5ª gara/5th race)	Snetterton	Van Diemen Rf81-Ford	2	Pole
24/05	Rac (1ª gara/1st race)	Oulton Park	Van Diemen Rf81-Ford	1	Giro più veloce/Fastets lap
25/05	Townsend-Thoresen (6ª gara/6th race)	Mallory Park	Van Diemen Rf81-Ford	1	
7/06	Townsend-Thoresen (7ª gara/7th race)	Snetterton	Van Diemen Rf81-Ford	1	Giro più veloce/Fastets lap
21/06	Rac (2ª gara/2nd race)	Silverstone	Van Diemen Rf81-Ford	2	
27/06	Townsend-Thoresen (8ª gara/8th race)	Oulton Park	Van Diemen Rf81-Ford	1	Giro più veloce/Fastets lap
4/07	Rac (3ª gara/3rd race)	Donington Park	Van Diemen Rf81-Ford	1	Giro più veloce/Fastets lap
12/07	Rac (4ª gara/4th race)	Brands Hatch	Van Diemen Rf81-Ford	4	Giro più veloce/Fastets lap
25/07	Townsend-Thoresen (9ª gara/9th race)	Oulton Park	Van Diemen Rf81-Ford	1	Giro più veloce/Fastets lap
26/07	Rac (5ª gara/5th race)	Mallory Park	Van Diemen Rf81-Ford	1	Giro più veloce/Fastets lap
2/08	Townsend-Thoresen (10ª gara/10th race)	Brands Hatch	Van Diemen Rf81-Ford	1	
9/08	Rac (6ª gara/6th race)	Snetterton	Van Diemen Rf81-Ford	1	Giro più veloce/Fastets lap
15/08	Townsend-Thoresen (11ª gara/11th race)	Donington Park	Van Diemen Rf81-Ford	1	
31/08	Townsend-Thoresen (12ª gara/12th race)	Thruxton	Van Diemen Rf81-Ford	1	Pole - Giro più veloce/Fastets lap
29/09	Townsend-Thoresen (13ª gara/13th race)	Brands Hatch	Van Diemen Rf81-Ford	2	Giro più veloce/Fastets lap

FORMULA FORD 2000

1982

Data *Date*	Campionato/Gara *Championship/Race*	Circuito *Circuit*	Vettura *Car*	Risultato *Result*	Note
7/03	Pace British (1ª gara/1st race)	Brands Hatch	Van Diemen Rf82-Ford	1	Pole - Giro più veloce/Fastets lap
27/03	Pace British (2ª gara/2nd race)	Oulton Park	Van Diemen Rf82-Ford	1	Pole - Giro più veloce/Fastets lap
28/03	Pace British (3ª gara/3rd race)	Silverstone	Van Diemen Rf82-Ford	1	Pole - Giro più veloce/Fastets lap
4/04	Pace British (4ª gara/3rd race)	Donington Park	Van Diemen Rf82-Ford	1	Pole - Giro più veloce/Fastets lap
9/04	Pace British (5ª gara/5th race)	Snetterton	Van Diemen Rf82-Ford	1	Pole - Giro più veloce/Fastets lap
12/04	Pace British (6ª gara/6th race)	Silverstone	Van Diemen Rf82-Ford	1	Pole - Giro più veloce/Fastets lap
18/04	Efda (1ª gara/1st race)	Zolder	Van Diemen Rf82-Ford	ritirato/retired	Pole
1/05	Efda (2 gara/2nd race)	Donington Park	Van Diemen Rf82-Ford	1	Pole - Giro più veloce/Fastets lap
2/05	Pace British (7ª gara/7th race)	Mallory Park	Van Diemen Rf82-Ford	1	Giro più veloce/Fastets lap
9/05	Efda (3ª gara/3rd race)	Zolder	Van Diemen Rf82-Ford	ritirato/retired	Pole - Giro più veloce/Fastets lap
30/05	Pace British (8ª gara/8th race)	Oulton Park	Van Diemen Rf82-Ford	ritirato/retired	
30/05	Celebrity Race	Oulton Park	Talbot Sunbeam Ti	1	Giro più veloce/Fastets lap

Data	Campionato/Gara	Circuito	Vettura	Risultato	Note
31/05	Pace British (9ª gara/9th race)	Brands Hatch	Van Diemen Rf82-Ford	1	Giro più veloce/Fastets lap
6/06	Pace British (10ª gara/10th race)	Mallory Park	Van Diemen Rf82-Ford	1	Giro più veloce/Fastets lap
13/06	Pace British (11ª gara/11th)	Brands Hatch	Van Diemen Rf82-Ford	1	Giro più veloce/Fastets lap
20/06	Efda (4ª gara/4th race)	Hockenheim	Van Diemen Rf82-Ford	ritirato/retired	Pole
26/06	Pace British (12ª gara/12th race)	Oulton Park	Van Diemen Rf82-Ford	1	Giro più veloce/Fastets lap
3/07	Efda (5ª gara/5th race)	Zandvoort	Van Diemen Rf82-Ford	1	Pole
4/07	Pace British (13ª gara/13th race)	Snetterton	Van Diemen Rf82-Ford	2	
10/07	Pace British (14ª gara/14th race)	Castle Combe	Van Diemen Rf82-Ford	1	Pole - Giro più veloce/Fastets lap
1/08	Pace British (15ª gara/15th race)	Snetterton	Van Diemen Rf82-Ford	1	Giro più veloce/Fastets lap
8/08	Efda (6ª gara/6th race)	Hockenheim	Van Diemen Rf82-Ford	1	Pole - Giro più veloce/Fastets lap
15/08	Efda (7ª gara/7th race)	Zeltweg	Van Diemen Rf82-Ford	1	Pole - Giro più veloce/Fastets lap
22/08	Efda (8ª gara/8th race)	Jyllandsring	Van Diemen Rf82-Ford	1	Pole - Giro più veloce/Fastets lap
30/08	Pace British (16ª gara/16th race)	Thruxton	Van Diemen Rf82-Ford	1	Giro più veloce/Fastets lap
5/09	Pace British (17ª gara/17th race)	Silverstone	Van Diemen Rf82-Ford	1	Giro più veloce/Fastets lap
12/09	Efda (9ª gara/9th race)	Mondello Park	Van Diemen Rf82-Ford	1	Giro più veloce/Fastets lap
26/09	Pace British (20ª gara/20th race)	Brands Hatch	Van Diemen Rf82-Ford	2	Giro più veloce/Fastets lap
13/11	Formula 3 (1ª gara/1st race)	Thruxton	Van Diemen Rf82-Ford	1	1ª gara/1st race, Pole Giro più veloce/Fastets lap

FORMULA 3

1983

Data *Date*	Campionato/Gara *Championship/Race*	Circuito *Circuit*	Vettura *Car*	Risultato *Result*	Note
6/03	Marlboro British F3 (1ª gara/1st race)	Silverstone	Ralt Rt3-Toyota	1	Giro più veloce/Fastets lap
13/03	Marlboro British F3 (2ª gara/2nd race)	Thruxton	Ralt Rt3-Toyota	1	Pole - Giro più veloce/Fastets lap
20/03	Marlboro British F3 (3ª gara/3rd race)	Silverstone	Ralt Rt3-Toyota	1	Pole - Giro più veloce/Fastets lap
27/03	Marlboro British F3 (4ª gara/4th race)	Donington Park	Ralt Rt3-Toyota	1	Pole - Giro più veloce/Fastets lap
4/04	Marlboro British F3 (5ª gara/5th rce)	Thruxton	Ralt Rt3-Toyota	1	Pole
24/04	Marlboro British F3 (6ª gara/6th race)	Silverstone	Ralt Rt3-Toyota	1	Pole - Giro più veloce/Fastets lap
2/05	Marlboro British F3 (7ª gara/7th race)	Thruxton	Ralt Rt3-Toyota	1	Pole - Giro più veloce/Fastets lap
8/05	Marlboro British F3 (8ª gara/8th race)	Brands Hatch	Ralt Rt3-Toyota	1	Pole - Giro più veloce/Fastets lap
30/05	Marlboro British F3 (9ª gara/9th race)	Silverstone	Ralt Rt3-Toyota	1	Pole - Giro più veloce/Fastets lap
12/06	Marlboro British F3 (10ª gara/10th race)	Silverstone	Ralt Rt3-Toyota	ritirato/retired	
19/06	Marlboro British F3 (11ª gara/11th race)	Cadwell Park	Ralt Rt3-Toyota	non partito/did not start	Pole
3/07	Marlboro British F3 (12ª gara/12th race)	Snetterton	Ralt Rt3-Toyota	ritirato/retired	Giro più veloce/Fastets lap
16/07	Marlboro British F3 (13ª gara/13th race)	Silverstone	Ralt Rt3-Toyota	1	Pole - Giro più veloce/Fastets lap
24/07	Marlboro British F3 (14ª gara/14th race)	Donington Park	Ralt Rt3-Toyota	2	Pole - Giro più veloce/Fastets lap
6/08	Marlboro British F3 (15ª gara/15th race)	Oulton Park	Ralt Rt3-Toyota	ritirato/retired	Giro più veloce/Fastets lap
29/08	Marlboro British F3 (16ª gara/16th race)	Silverstone	Ralt Rt3-Toyota	1	Pole
11/09	Marlboro British F3 (17ª gara/17th race)	Oulton Park	Ralt Rt3-Toyota	ritirato/retired	Pole
18/09	Marlboro British F3 (18ª gara/18th race)	Thruxton	Ralt Rt3-Toyota	ritirato/retired	Pole
2/10	Marlboro British F3 (19ª gara/19th race)	Silverstone	Ralt Rt3-Toyota	2	
20/10	Gp Macao F.3	Macao	Ralt Rt3-Toyota	1	Pole - Giro più veloce/Fastets lap
27/10	Marlboro British F3 (20ª gara/20th race)	Thruxton	Ralt Rt3-Toyota	1	Pole - Giro più veloce/Fastets lap

FORMULA 1/Endurance

1984

Data / *Date*	Gara / *Race*	Circuito / *Circuit*	Vettura / *Car*	Risultato / *Result*	Note
25/03	Gp Brasile/Brasil	Rio de Janeiro	Toleman Tg183B-Hart	ritirato/retired	
7/04	Gp Sudafrica/South Africa	Kyalami	Toleman Tg183B-Hart	6	primo punto/First point
29/04	Gp Belgio/Belgium	Zolder	Toleman Tg183B-Hart	6	vettura squalificata/car disqualified
6/05	Gp San Marino	Imola	Toleman Tg183B-Hart	non qualificato/unqualified	
20/05	Gp Francia/France	Digione/Dijon	Toleman Tg184-Hart	ritirato/retired	
3/06	Gp Monaco	Montecarlo	Toleman Tg184-Hart	2	Giro più veloce/Fastets lap
17/06	Gp Canada	Montreal	Toleman Tg184-Hart	7	
24/06	Gp Usa Est	Detroit	Toleman Tg184-Hart	ritirato/retired	
8/07	Gp Usa Ovest	Dallas	Toleman Tg184-Hart	ritirato/retired	
15/07	1000Km Nürburgring	Nürburgring	Porsche 956 New Man-Joest Racing	8	In coppia con/With: Pescarolo - Johansson
22/07	Gp Gran Bretagna/Great Britain	Brands Hatch	Toleman Tg184-Hart	3	
5/08	Gp Germania/Germany	Hockenheim	Toleman Tg184-Hart	ritirato/retired	
19/08	Gp Austria	Zeltweg	Toleman Tg184-Hart	ritirato/retired	
26/08	Gp Olanda/Holland	Zandvoort	Toleman Tg184-Hart	ritirato/retired	
7/10	Gp Europa/Europe	Nürburgring	Toleman Tg184-Hart	ritirato/retired	
21/10	Gp Portogallo/Portugal	Estoril	Toleman Tg184-Hart	3	

1985

Data / *Date*	Gara / *Race*	Circuito / *Circuit*	Vettura / *Car*	Risultato / *Result*	Note
7/04	Gp Brasile/Brasil	Rio de Janeiro	Lotus 97T-Renault	ritirato/retired	
21/04	Gp Portogallo/Portugal	Estoril	Lotus 97T-Renault	1	Pole - Giro più veloce/Fastets lap
5/05	Gp San Marino	Imola	Lotus 97T-Renault	7	Pole
19/05	Gp Monaco	Montecarlo	Lotus 97T-Renault	ritirato/retired	Pole
16/06	Gp Canada	Montreal	Lotus 97T-Renault	16	Gpv
23/06	Gp Stati Uniti	Detroit	Lotus 97T-Renault	ritirato/retired	Pole - Giro più veloce/Fastets lap
7/07	Gp Francia/France	Paul Ricard	Lotus 97T-Renault	ritirato/retired	
21/07	Gp Gran Bretagna/Great Britain	Silverstone	Lotus 97T-Renault	10	
4/08	Gp Germania/Germany	Nürburgring	Lotus 97T-Renault	ritirato/retired	
18/08	Gp Austria	Zeltweg	Lotus 97T-Renault	2	
25/08	Gp Olanda/ Holland	Zandvoort	Lotus 97T-Renault	3	
8/09	Gp Italia/Italy	Monza	Lotus 97T-Renault	3	Pole
15/09	Gp Belgio/Belgium	Spa-Francorchsmps	Lotus 97T-Renault	1	
6/10	Gp Europa/Europe	Brands Hatch	Lotus 97T-Renault	2	Pole
19/10	Gp Sudafrica/South Africa	Kyalami	Lotus 97T-Renault	ritirato/retired	
3/11	Gp Australia	Adelaide	Lotus 97T-Renault	ritirato/retired	Pole

1986

Data *Date*	Gara *Race*	Circuito *Circuit*	Vettura *Car*	Risultato *Result*	Note
23/03	Gp Brasile/Brasil	Rio de Janeiro	Lotus 98T-Renault	2	Pole
13/04	Gp Spagna/Spain	Jerez	Lotus 98T-Renault	1	Pole
27/04	Gp San Marino	Imola	Lotus 98T-Renault	ritirato/retired	Pole
11/05	Gp Monaco	Montecarlo	Lotus 98T-Renault	3	
25/05	Gp Belgio/Belgium	Spa-Francorchamps	Lotus 98T-Renault	2	
15/06	Gp Canada	Montreal	Lotus 98T-Renault	5	
22/06	Gp Stati Uniti	Detroit	Lotus 98T-Renault	1	Pole
6/07	Gp Francia/France	Paul Ricard	Lotus 98T-Renault	ritirato/retired	Pole
13/07	Gp Gran Bretagna/Great Britain	Brands Hatch	Lotus 98T-Renault	ritirato/retired	
27/07	Gp Germania/Germany	Hockenheim	Lotus 98T-Renault	2	
10/08	Gp Ungheria/Hungary	Hungaroring	Lotus 98T-Renault	2	Pole
17/08	Gp Austria	Zeltweg	Lotus 98T-Renault	ritirato/retired	
7/09	Gp Italia/Italy	Monza	Lotus 98T-Renault	ritirato/retired	
21/09	Gp Portogallo/Portugal	Estoril	Lotus 98T-Renault	4	Pole
12/10	Gp Messico	Mexico City	Lotus 98T-Renault	3	Pole
26/10	Gp Australia	Adelaide	Lotus 98T-Renault	ritirato/retired	

1987

Data *Date*	Gara *Race*	Circuito *Circuit*	Vettura *Car*	Risultato *Result*	Note
23/03	Gp Brasile/Brasil	Rio de Janeiro	Lotus 98T-Renault	2	Pole
13/04	Gp Spagna/Spain	Jerez	Lotus 98T-Renault	1	Pole
27/04	Gp San Marino	Imola	Lotus 98T-Renault	ritirato/retired	Pole
11/05	Gp Monaco	Montecarlo	Lotus 98T-Renault	3	
25/05	Gp Belgio/Belgium	Spa-Francorchamps	Lotus 98T-Renault	2	
15/06	Gp Canada	Montreal	Lotus 98T-Renault	5	
22/06	Gp Stati Uniti	Detroit	Lotus 98T-Renault	1	Pole
6/07	Gp Francia/France	Paul Ricard	Lotus 98T-Renault	ritirato/retired	Pole
13/07	Gp Gran Bretagna/Great Britain	Brands Hatch	Lotus 98T-Renault	ritirato/retired	
27/07	Gp Germania/Germany	Hockenheim	Lotus 98T-Renault	2	
10/08	Gp Ungheria/Hungary	Hungaroring	Lotus 98T-Renault	2	Pole
17/08	Gp Austria	Zeltweg	Lotus 98T-Renault	ritirato/retired	
7/09	Gp Italia/Italy	Monza	Lotus 98T-Renault	ritirato/retired	
21/09	Gp Portogallo/Portugal	Estoril	Lotus 98T-Renault	4	Pole
12/10	Gp Messico	Mexico City	Lotus 98T-Renault	3	Pole
26/10	Gp Australia	Adelaide	Lotus 98T-Renault	ritirato/retired	

1988

Data *Date*	Gara *Race*	Circuito *Circuit*	Vettura *Car*	Risultato *Result*	Note
3/04	Gp Brasile/Brazil	Rio de Janeiro	McLaren Mp4/4-Honda	squalificato/disqualified	Pole
1/05	Gp San Marino	Imola	McLaren Mp4/4-Honda	1	Pole

Data	Gara	Circuito	Vettura	Risultato	Note
15/05	Gp Monaco	Montecarlo	McLaren Mp4/4-Honda	ritirato/retired	Pole - Giro più veloce/Fastets lap
29/05	Gp Messico/Mexico	Mexico City	McLaren Mp4/4-Honda	2	Pole
12/06	Gp Canada	Montreal	McLaren Mp4/4-Honda	1	Pole - Giro più veloce/Fastets lap
19/06	Gp Stati Uniti	Detroit	McLaren Mp4/4-Honda	1	Pole
3/07	Gp Francia/France	Paul Ricard	McLaren Mp4/4-Honda	2	
10/07	Gp Gran Bretagna/Great Britain	Silverstone	McLaren Mp4/4-Honda	1	
24/07	Gp Germania/Germany	Hockenheim	McLaren Mp4/4-Honda	1	Pole
7/08	Gp Ungheria/Hungary	Hungaroring	McLaren Mp4/4-Honda	1	Pole
28/08	Gp Belgio/Belgium	Spa-Francorchamps	McLaren Mp4/4-Honda	1	Pole
11/09	Gp Italia/Italy	Monza	McLaren Mp4/4-Honda	ritirato/retired	Pole
25/09	Gp Portogallo/Portugal	Estoril	McLaren Mp4/4-Honda	6	
2/10	Gp Spagna/Spain	Jerez	McLaren Mp4/4-Honda	4	Pole
30/10	Gp Giappone/Japan	Suzuka	McLaren Mp4/4-Honda	1	Pole - Giro più veloce/Fastets lap
13/11	Gp Australia	Adelaide	McLaren Mp4/4-Honda	2	Pole

1989

Data *Date*	Gara *Race*	Circuito *Circuit*	Vettura *Car*	Risultato *Result*	Note
26/03	Gp Brasile/Brasil	Rio de Janeiro	McLaren Mp4/5-Honda	11	Pole
23/04	Gp San Marino	Imola	McLaren Mp4/5-Honda	1	Pole
7/05	Gp Monaco	Montecarlo	McLaren Mp4/5-Honda	1	Pole
28/05	Gp Messico/Mexico	Mexico City	McLaren Mp4/5-Honda	1	Pole
4/06	Gp USA	Phoenix	McLaren Mp4/5-Honda	ritirato/retired	Pole
18/06	Gp Canada	Montreal	McLaren Mp4/5-Honda	7	
9/07	Gp Francia/France	Paul Ricard	McLaren Mp4/5-Honda	ritirato/retired	
16/07	Gp Gran Bretagna/Great Britain	Silverstone	McLaren Mp4/5-Honda	ritirato/retired	Pole
30/07	Gp Germania/Germany	Hockenheim	McLaren Mp4/5-Honda	1	Pole - Giro più veloce/Fastets lap
13/08	Gp Ungheria	Hungaroring	McLaren Mp4/5-Honda	2	
27/08	Gp Belgio/Belgium	Spa-Francorchamps	McLaren Mp4/5-Honda	1	Pole
10/09	Gp Italia/Italy	Monza	McLaren Mp4/5-Honda	ritirato/retired	Pole
24/09	Gp Portogallo/Portugal	Estoril	McLaren Mp4/5-Honda	ritirato/retired	Pole
1/10	Gp Spagna/Spain	Jerez	McLaren Mp4/5-Honda	1	Pole - Giro più veloce/Fastets lap
22/10	Gp Giappone/Japan	Suzuka	McLaren Mp4/5-Honda	squalificato/disqualified	
5/11	Gp Australia	Adelaide	McLaren Mp4/5-Honda	ritirato/retired	Pole

1990

Data *Date*	Gara *Race*	Circuito *Circuit*	Vettura *Car*	Risultato *Result*	Note
11/03	Gp USA	Phoenix	McLaren Mp4/5B-Honda	1	
25/03	Gp Brasile/Brazil	Interlagos	McLaren Mp4/5B-Honda	3	Pole
13/05	Gp San Marino	Imola	McLaren Mp4/5B-Honda	ritirato/retired	Pole
27/05	Gp Monaco	Montecarlo	McLaren Mp4/5B-Honda	1	Pole - Giro più veloce/Fastets lap
10/06	Gp Canada	Montreal	McLaren Mp4/5B-Honda	1	Pole
24/06	Gp Messico/Mexico	Mexico City	McLaren Mp4/5B-Honda	20	
8/07	Gp Francia/France	Paul Ricard	McLaren Mp4/5B-Honda	3	

Data	Gara	Circuito	Vettura	Risultato	Note
15/07	Gp Gran Bretagna/Great Britain	Silverstone	McLaren Mp4/5B-Honda	3	
29/07	Gp Germania/Germany	Hockenheim	McLaren Mp4/5B-Honda	1	Pole
12/08	Gp Ungheria/Hungary	Hungaroring	McLaren Mp4/5B-Honda	2	
26/08	Gp Belgio/Belgium	Spa-Francorchamps	McLaren Mp4/5B-Honda	1	Pole
9/09	Gp Italia/Italy	Monza	McLaren Mp4/5B-Honda	1	Pole - Giro più veloce/Fastets lap
23/09	Gp Portogallo/Portugal	Estoril	McLaren Mp4/5B-Honda	2	
30/09	Gp Spagna/Spain	Jerez	McLaren Mp4/5B-Honda	ritirato/retired	Pole
21/10	Gp Giappone/Japan	Suzuka	McLaren Mp4/5B-Honda	ritirato/retired	Pole
4/11	Gp Australia	Adelaide	McLaren Mp4/5B-Honda	ritirato/retired	Pole

1991

Data / *Date*	Gara / *Race*	Circuito / *Circuit*	Vettura / *Car*	Risultato / *Result*	Note
10/03	Gp USA	Phoenix	McLaren Mp4/6-Honda	1	Pole
24/03	Gp Brasile/Brazil	Interlagos	McLaren Mp4/6-Honda	1	Pole
28/04	Gp San Marino	Imola	McLaren Mp4/6-Honda	1	Pole
12/05	Gp Monaco	Montecarlo	McLaren Mp4/6-Honda	1	Pole
2/06	Gp Canada	Montreal	McLaren Mp4/6-Honda	ritirato/retired	
16/06	Gp Messico/Mexico	Mexico City	McLaren Mp4/6-Honda	3	
7/07	Gp Francia/France	Magny-Cours	McLaren Mp4/6-Honda	3	
14/07	Gp Gran Bretagna/Great Britain	Silverstone	McLaren Mp4/6-Honda	4	
28/07	Gp Germania/Germany	Hockenheim	McLaren Mp4/6-Honda	7	
11/08	Gp Ungheria/Hungary	Hungaroring	McLaren Mp4/6-Honda	1	Pole
25/08	Gp Belgio/Belgium	Spa-Francorchamps	McLaren Mp4/6-Honda	1	Pole
8/09	Gp Italia/Italy	Monza	McLaren Mp4/6-Honda	2	Pole - Giro più veloce/Fastets lap
22/09	Gp Portogallo/Portugal	Estoril	McLaren Mp4/6-Honda	2	
29/09	Gp Spagna/Spain	Barcellona	McLaren Mp4/6-Honda	5	
20/10	Gp Giappone/Japan	Suzuka	McLaren Mp4/6-Honda	2	Giro più veloce/Fastets lap
3/11	Gp Australia	Adelaide	McLaren Mp4/6-Honda	1	Pole

1992

Data / *Date*	Gara / *Race*	Circuito / *Circuit*	Vettura / *Car*	Risultato / *Result*	Note
1/03	Gp Sudafrica/South Africa	Kyalami	McLaren Mp4/7-Honda	3	
22/03	Gp Messico/Mexico	Mexico City	McLaren Mp4/7-Honda	ritirato/retired	
5/04	Gp Brasile/Brazil	Interlagos	McLaren Mp4/7-Honda	ritirato/retired	
3/05	Gp Spagna/Spain	Barcellona	McLaren Mp4/7-Honda	9	
17/05	Gp San Marino	Imola	McLaren Mp4/7-Honda	3	
31/05	Gp Monaco	Montecarlo	McLaren Mp4/7-Honda	1	
14/06	Gp Canada	Montreal	McLaren Mp4/7-Honda	ritirato/retired	Pole
5/07	Gp Francia/France	Magny-Cours	McLaren Mp4/7-Honda	ritirato/retired	
12/07	Gp Gran Bretagna//Great Britain	Silverstone	McLaren Mp4/7-Honda	ritirato/retired	
26/07	Gp Germania/Germany	Hockenheim	McLaren Mp4/7-Honda	2	
16/08	Gp Ungheria/Hungary	Hungaroring	McLaren Mp4/7-Honda	1	
30/08	Gp Belgio/Belgium	Spa-Francorchamps	McLaren Mp4/7-Honda	5	

13/09	Gp Italia/Italy	Monza	McLaren Mp4/7-Honda	1	
27/09	Gp Portogallo/Portugal	Estoril	McLaren Mp4/7-Honda	3	Giro più veloce/Fastets lap
25/10	Gp Giappone/Japan	Suzuka	McLaren Mp4/7-Honda	ritirato/retired	
8/11	Gp Australia	Adelaide	McLaren Mp4/7-Honda	ritirato/retired	

1993

Data *Date*	Gara *Race*	Circuito *Circuit*	Vettura *Car*	Risultato *Result*	Note
28/03	Gp Brasile/Brazil	Interlagos	McLaren Mp4/8-Ford	1	Giro più veloce/Fastets lap
11/04	Gp Europa/Europe	Donington	McLaren Mp4/8-Ford	1	
25/04	Gp San Marino	Imola	McLaren Mp4/8-Ford	ritirato/retired	
9/05	Gp Spagna/Spain	Barcellona	McLaren Mp4/8-Ford	2	
23/05	Gp Monaco	Montecarlo	McLaren Mp4/8-Ford	1	
13/06	Gp Canada	Montreal	McLaren Mp4/8-Ford	18	
4/07	Gp Francia/France	Magny-Cours	McLaren Mp4/8-Ford	4	
11/07	Gp Gran Bretagna/Great Britain	Silverstone	McLaren Mp4/8-Ford	5	
25/07	Gp Germania/Germany	Hockenheim	McLaren Mp4/8-Ford	4	
15/08	Gp Ungheria/Hungary	Hungaroring	McLaren Mp4/8-Ford	ritirato/retired	
29/08	Gp Belgio/Belgium	Spa-Francorchamps	McLaren Mp4/8-Ford	4	
12/09	Gp Italia/Italy	Monza	McLaren Mp4/8-Ford	ritirato/retired	
26/09	Gp Portogallo/Portugal	Estoril	McLaren Mp4/8-Ford	ritirato/retired	
24/10	Gp Giappone/Japan	Suzuka	McLaren Mp4/8-Ford	1	
7/11	Gp Australia	Adelaide	McLaren Mp4/8-Ford	1	Pole

1994

Data *Date*	Gara *Race*	Circuito *Circuit*	Vettura *Car*	Risultato *Result*	Note
27/03	Gp Brasile/Brazil	Interlagos	Williams Fw16-Renault	ritirato/retired	Pole
17/04	Gp Pacifico/Pacific	Aida	Williams Fw16-Renault	ritirato/retired	Pole
1/05	Gp San Marino	Imola	Williams Fw16-Renault	ritirato/retired	Pole

Piazzamenti nel Mondiale/Places in the World Championship

1984	1985	1986	1987	1988	1989	1990	1991	1992	1993	1994
9°/th	4°/th	4°/th	3°/rd	1°/st	2°/nd	1°/st	1°/st	4°/th	2°/nd	–

FINITO DI STAMPARE/*PRINTED BY*

D'AURIA PRINTING SPA - ASCOLI PICENO

APRILE/*APRIL* 2014